o caminho estreito

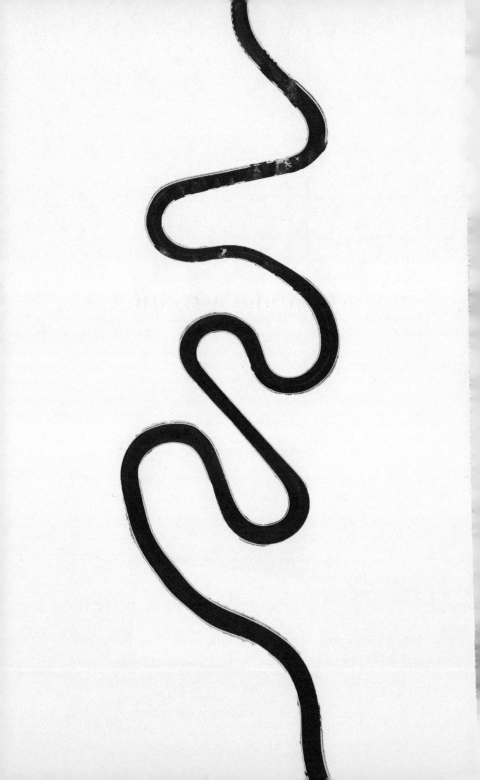

o caminho estreito

RICH VILLODAS

Traduzido por Valéria Lamim Delgado Fernandes

Copyright © 2024 por Richard A. Villodas, Jr.
Publicado originalmente por WaterBrook, selo da Random House, uma divisão da Penguin Random House LLC.

Os textos das referências bíblicas foram extraídos da *Nova Versão Transformadora* (NVT), da Tyndale House Foundation, salvo indicação específica.

Todos os direitos reservados e protegidos pela Lei 9.610, de 19/02/1998.

É expressamente proibida a reprodução total ou parcial deste livro, por quaisquer meios (eletrônicos, mecânicos, fotográficos, gravação e outros), sem prévia autorização, por escrito, da editora.

Edição
Daniel Faria

Revisão
Ana Luiza Ferreira

Produção
Felipe Marques

Diagramação
Gabrielli Casseta

Colaboração
Guilherme Lorenzetti

Capa
Rafael Brum

CIP-Brasil. Catalogação na publicação
Sindicato Nacional dos Editores de Livros, RJ

V782c

   Villodas, Rich
     O caminho estreito : como o caminho subversivo de Jesus satisfaz nossa alma / Rich Villodas ; tradução Valéria Lamim Delgado Fernandes. - 1. ed. - São Paulo : Mundo Cristão, 2025.
     208 p.

     Tradução de: The narrow path
     ISBN 978-65-5988-404-9

     1. Jesus Cristo - Ensinamentos. 2. Vida cristã. I. Fernandes, Valéria Lamim Delgado. II. Título.

24-95597   CDD: 232.954
                                          CDU: 27-31-475

Gabriela Faray Ferreira Lopes - Bibliotecária - CRB-7/6643

Publicado no Brasil com todos os direitos reservados por:

Editora Mundo Cristão
Rua Antônio Carlos Tacconi, 69
São Paulo, SP, Brasil
CEP 04810-020
Telefone: (11) 2127-4147
www.mundocristao.com.br

Categoria: Espiritualidade
1ª edição: março de 2025

À New Life Fellowship.
É uma alegria estar no caminho estreito com vocês.

Entrem pela porta estreita. A estrada que conduz à destruição é ampla, e larga é sua porta, e muitos escolhem esse caminho. Mas a porta para a vida é estreita, e o caminho é difícil, e são poucos os que o encontram.

Mateus 7.13-14

Sumário

Introdução 9

PARTE 1: Entendendo o caminho estreito
1. Desastre inesperado (o caminho largo) 17
2. Felicidade inesperada 33
3. Justiça inesperada 48

INTERLÚDIO: Oração e o caminho estreito 59

PARTE 2: Percorrendo o caminho estreito
4. Nosso testemunho 65
5. Nossa ira 77
6. Nossas palavras 90
7. Nossos desejos 104
8. Nosso dinheiro 116
9. Nossa ansiedade 133
10. Nossos julgamentos 148
11. Nossas decisões 163
12. Nossos inimigos 179

Epílogo: Praticando a obediência 190
Notas 200
Agradecimentos 205
Sobre o autor 207

Introdução

Passei a gostar muito do mundo de Harry Potter. (Para aqueles de vocês que não têm esse mesmo sentimento, por favor, não fechem este livro.) Uma de minhas cenas favoritas é de *Harry Potter e o cálice de fogo*. Um bruxo chamado Sr. Weasley toma emprestada uma tenda de um amigo chamado Perkins enquanto participa de um evento esportivo muito popular. Por fora, parece uma tenda comum de quintal que acomodaria duas ou três pessoas. Contudo, Perkins, também um bruxo, usou feitiços na tenda, tornando-a drasticamente maior por dentro. Quando Harry passa com os filhos do Sr. Weasley pela entrada estreita, eles se veem em um espaço com três cômodos, com beliches, uma cozinha e até um banheiro. A tenda é muito mais espaçosa do que se imaginava.

Quando penso nos ensinamentos de Jesus, especialmente no Sermão do Monte, essa tenda encantada me vem à mente. O caminho de Jesus é, sem dúvida, estreito, como veremos, mas tem o feitiço, por assim dizer, da vida sempre expansiva de Deus. À primeira vista, as palavras de Jesus parecem impor limites e restrições, mas — como na tenda do Sr. Weasley — nelas está escondido um poder inimaginável. À medida que entramos, descobrimos um espaço amplo para a alma que é difícil de vivenciar de fora. Sim, o caminho é estreito, mas à medida que caminhamos por ele nos vemos com o tipo de vida pela qual ansiamos: uma vida repleta de amor, alegria e paz.

Em nossa cultura, estreito é um termo negativo. É usado para descrever pessoas de mente fechada, teimosas, que se consideram mais santas do que as outras. Você já viu pessoas assim, não é? Talvez já tenha visto essas pessoas com placas de João 3.16 nas mãos, gritando com outras no parque de seu bairro. Ou talvez os gritos venham na forma de um discurso inflamado em LETRAS MAIÚSCULAS no Facebook. Ser estreito não é algo a que aspiramos; é uma característica a ser evitada. No caso de Jesus, é diferente. Por favor, deixe-me acabar de falar.

O caminho estreito de Jesus chega à essência do que significa ser humano, do que significa amar de forma plena. Concentra nossa energia no que realmente conduz à vida boa: uma existência espaçosa que dá espaço para Deus e para os outros.

É verdade que raramente tomamos o caminho estreito porque ele exige muito de nós. Como disse o renomado teólogo alemão Dietrich Bonhoeffer, "Ao chamar um homem, Cristo o convida a vir a ele e morrer".[1] Contudo, você e eu também entendemos algo de forma intuitiva: As coisas que mais importam nunca vêm facilmente. Quanto maior a demanda, maior a recompensa. Quanto maior o desafio, maior a alegria de tê-lo superado. Quanto mais alta a montanha, maior a satisfação de tê-la vencido. Quanto mais morremos para nós mesmos e nos entregamos a Jesus, mais vivos nos tornamos. Esse é o paradoxo do caminho de Jesus.

Jesus quer que você experimente a emoção e a satisfação do caminho estreito. A pergunta é: Você está se contentando com menos? Este livro tem dois objetivos:

1. Fazê-lo se lembrar de que o caminho estreito de Jesus oferece a vida que você de fato deseja.

2. Ajudá-lo a permanecer no caminho para que possa experimentar a satisfação profunda que somente Jesus oferece.

Se há uma passagem nas Escrituras que explica o caminho estreito, ela é o Sermão do Monte, em Mateus 5—7, o conjunto mais famoso de ensinamentos de Jesus. Ao longo deste livro, examinaremos os principais ensinamentos desse sermão. Façamos uma breve pausa para recolocarmos em foco essa mensagem bem conhecida (mas muitas vezes mal compreendida).

O Sermão do Monte

Olho por olho. Sal da terra. Luz do mundo. Que seu sim seja sim. Não julgue. Não nos deixe cair em tentação. Pão de cada dia.

Se você perguntar às pessoas comuns que passam pela rua se já ouviram essas expressões, a maioria dirá que sim. Mas, se perguntar onde essas expressões são encontradas, talvez ouça um silêncio constrangedor.

Todas essas palavras e expressões estão no Sermão do Monte, que é, em essência, a melhor palestra já dada. Os grandes líderes, pregadores e poetas da história foram moldados por essa mensagem — de Gandhi a Martin Luther King Jr.

Cite qualquer discurso histórico, e você verá que o sermão de Jesus supera todos eles. Ele é o que a Declaração de Independência é para os Estados Unidos, o que o discurso "Eu tenho um sonho", de Martin Luther King Jr., foi para o movimento pelos direitos civis, e muito mais. Tudo o que foi escrito ou falado parece insignificante quando comparado com essas palavras de Jesus que curam a alma, transformam o mundo e glorificam a Deus.

Convite e inventário

O modo como você aborda esse sermão muda tudo. Se o tiver como um manual de instruções para a salvação, toda vez que não conseguir viver de acordo com as palavras de Jesus, você questionará se Deus está a seu favor. Não ignore isto: o sermão não tem a ver com como *alcançamos* a salvação; tem a ver com como a *demonstramos*. Aqueles que foram verdadeiramente transformados por Jesus resistem às normas culturais que os cercam. Esse sermão é um teste decisivo para nos ajudar a avaliar se estamos seguindo a Jesus ou outra pessoa. Dessa forma, o sermão é convite e inventário. Convida-nos a uma forma diferente de ver, ouvir e ser. Fomos chamados a confundir, confrontar e converter um mundo que está nas trevas para o reino de Deus que oferece paz, inspira o amor e nos enche de alegria — não apenas por nossos esforços, mas pela graça de Deus tão generosamente derramada sobre nós.

Esse sermão também nos leva a fazer um inventário de nossos pensamentos, palavras e ações para ver se estão alinhados com a visão gloriosa de Jesus. Considere alguns dos principais temas do sermão:

- Como posso perdoar alguém que me fez mal?
- Estou servindo a Deus ou ao dinheiro?
- A confiança ou a ansiedade está moldando minha vida?
- As pessoas podem confiar piamente em minha palavra?
- Abençoo aqueles que me amaldiçoam?
- Tenho integridade sexual?

À medida que examinamos esses ensinamentos, é possível que você conclua que o caminho de Jesus não faz o menor sentido. E você terá razão. Aos olhos do mundo, a sabedoria de Jesus é um absurdo — totalmente contrária às normas culturais. Mas, para aqueles como eu (e bilhões de outros) que estão cansados de ter a vida alicerçada nas promessas frustradas da cultura ao redor, Jesus oferece um caminho melhor. Um caminho estreito. A vida que você e eu desejamos desesperadamente, mas lutamos para alcançar.

Escolher o caminho estreito requer confiar que Jesus sabe o que é melhor para você, mesmo quando isso entra em conflito com suas suposições e expectativas. Como certa vez disse o profeta Isaías:

"Meus pensamentos são muito diferentes dos seus",
    diz o SENHOR,
"e meus caminhos vão muito além de seus caminhos.

Pois, assim como os céus são mais altos que a terra,
    meus caminhos são mais altos que seus caminhos,
    e meus pensamentos, mais altos que seus pensamentos."

Isaías 55.8-9

A jornada à frente

Se não começarmos a levar as palavras de Jesus ao nosso coração e ao nosso corpo, a fé que professamos não nos levará à plenitude que desejamos. Este livro, portanto, é minha tentativa de estreitar nossa visão mais uma vez, de ajudar-nos para que voltemos nossa vida em uma direção específica, de remover o que tem nos oprimido e de redescobrir o que significa seguir a Jesus.

Examinaremos temas antigos que surgem todos os dias de nossa vida. Enquanto isso, descobriremos que o segredo para uma vida plena e vibrante está em um caminho estreito radical

— aquele que normalmente não seguimos. Descobriremos que, ao tomar o caminho estreito, experimentaremos um novo tipo de espaço: um espaço amplo que só podemos perceber quando entramos naquilo que parece um espaço confinado.

Descobriremos também como o caminho de Jesus é subversivo. Seus ensinamentos comprometem as noções de sabedoria e poder que predominavam em seu contexto do primeiro século e predominam no nosso também. Ficaremos surpresos em descobrir que aquilo que o mundo valoriza, Jesus desvaloriza, e aquilo que Jesus aplaude, o mundo rejeita. Ao prestarmos muita atenção em suas perspectivas surpreendentes, nós nos veremos vivendo uma liberdade que o mundo não pode dar, nem tirar.

Muito bem, mergulhemos na melhor mensagem já pregada pelo mais sábio ser humano que já existiu.

PARTE 1

entendendo o
caminho estreito

1
Desastre inesperado
(o caminho largo)

Você já fez mergulho com cilindro? Eu não. Mas — e digo isso com mais entusiasmo do que deveria — já fiz snorkel algumas vezes, muito obrigado. Em uma de nossas viagens de aniversário de casamento, Rosie e eu pesquisamos várias excursões no Havaí. Fiz uma pesquisa extensa na esperança de me conectar com a parte aventureira de minha personalidade. Assisti a vários vídeos de mergulho com cilindro no YouTube, encontrando inspiração e incentivando a mim mesmo em voz baixa. Essa empreitada não durou muito, pois encontrei um gráfico simples que resumia as diferenças entre mergulho com cilindro e snorkel. De repente, fui trazido de volta à realidade, enquanto a versão aventureira de mim mesmo se escondia como um siri na praia.

Descobri que mergulhar com cilindro pode causar algo conhecido como narcose de nitrogênio, que é, basicamente, como estar bêbado debaixo d'água. Ou seu equipamento pode falhar. Durante o mergulho, você também corre o risco de ter uma embolia pulmonar, que ocorre quando um coágulo de sangue bloqueia as artérias nos pulmões, causando tontura, falta de ar e dor no peito. Pois é, não, obrigado.

Então, decidi fazer snorkel. No caso do snorkel, você fica queimado pelo sol, e é claro que me esqueci de passar protetor solar e acabei com as costas queimadas. Mas, pelo menos, sobrevivi para contar a história.

A excursão para o mergulho com *snorkel* correu bem. Vi um punhado de peixes a uma distância segura e subi à superfície para fazer um rápido intervalo depois de ter engolido um pouco de água pelo tubo. Alguns dias depois, assisti a mais vídeos de mergulho com cilindro na esperança de reunir coragem para encarar o desafio. Mas a resistência em meu íntimo era real. Racionalmente, eu sabia que um mundo lindo estava à minha espera nas profundezas, mas escolhi a vida na superfície, onde as coisas pareciam seguras e previsíveis.

O que tudo isso tem a ver com o caminho estreito de Jesus? Muitos de nós *querem* ir mais fundo, mas nos vemos espiritualmente nadando na superfície sem sair do lugar. Tentamos viver como anfíbios cristãos — um pouco dentro, um pouco fora —, mas Jesus nos quer *por inteiro* ou, em outras palavras, quer nos dar tudo de si mesmo. No entanto, ele não sabe o que é discipulado sem entusiasmo. Ele nos convida a segui-lo totalmente ou a não fazer nada disso, usando a metáfora de um caminho: "Entrem pela porta estreita. A estrada que conduz à destruição é ampla, e larga é sua porta, e muitos escolhem esse caminho. Mas a porta para a vida é estreita, e o caminho é difícil, e são poucos os que o encontram" (Mt 7.13-14).

Por mais profundo que Jesus seja, amo sua simplicidade. Existem dois caminhos a seguir: o caminho estreito ou o largo. O estreito é o caminho cruciforme de Jesus que leva à renovação e cura. Naturalmente, estamos interessados na "porta para a vida", então o que nos impede? Se formos honestos, é o preço. Como escreveu G. K. Chesterton, "O ideal cristão não foi provado e tido como insuficiente. Foi considerado difícil e, por isso, não foi provado"[1].

Temos receio de que seguir a Jesus nos convide a ter um novo estilo de vida que não gostaríamos de ter ou não conseguiríamos sustentar.

Mantemos Jesus a uma distância "segura" porque imaginamos que o seguir leva a uma existência triste e limitada em que devemos reprimir nossos desejos e assumir uma identidade religiosa mecânica.

Evitamos o caminho estreito de Jesus porque acreditamos que teremos de negar nosso anseio por intimidade sexual, renunciar todos os nossos sonhos e ir a vários cultos na igreja por semana.

Temos medo do que os outros pensarão se *realmente* seguirmos a Jesus. Não queremos ser fanáticos religiosos.

Evitamos o caminho estreito porque ele exige que encaremos a nós mesmos — olhemos no espelho com honestidade e vulnerabilidade.

Eu também já fiquei pensando nessas coisas.

Caminhar por um caminho estreito leva tempo. Exige que você e eu diminuamos os passos. Em algum momento, todos devemos encarar as partes de nós mesmos de que não gostamos. E sabe de uma coisa? Às vezes, é mais fácil evitar categoricamente esse convite. Talvez você tenha medo de ir mais fundo porque ver mais de Jesus significa que ele verá mais de *você*. Se é isso que você está sentindo, você não é o único.

Ao observar com cuidado as interações de Jesus com as pessoas nas Escrituras e sentir sua presença em minha própria vida, descobri repetidas vezes que Jesus não é repelido pela fragilidade humana; ele é atraído por ela.

Aos dezenove anos, poucos meses depois de começar meu relacionamento com Jesus, li um livro sobre sua presença santa. Pela primeira vez, percebi que poderia deixar de lado a fachada autodefensiva que me fazia enredar em uma vida cujo foco eram resultados e um comportamento viciante, e chorei. Escrevi em meu diário novo com capa de couro os vários segredos que tinha em meu íntimo. Após cada frase, olhava por sobre o ombro, com medo de ter alguém debruçado sobre mim como um professor durante um exame final. Naquilo que parecia ser uma inquietação espiritual, percebi a presença de Deus dentro de mim. Lembrei-me da ternura de Jesus nas histórias dos Evangelhos, as quais eu estava aprendendo. Continuei a citar os lugares em minha alma que vinha escondendo de Deus, dos outros e de mim mesmo. E encontrei graça e misericórdia. Ternura e compaixão. Paz e alegria.

A despeito dessa experiência impactante, ainda perco o caminho de vez em quando. Talvez, como eu, você tenha tido períodos em que esteve ocupado ou distraído, contente em dar a Deus as sobras. Nesses períodos, Jesus nos convida a voltar para o caminho estreito.

Apenas dois caminhos... *É sério*, Jesus?

O ensino de Jesus sobre dois caminhos — um largo que leva à destruição e um estreito que leva à vida — intimida um pouco. Isso imediatamente levanta várias perguntas:

Como é o caminho estreito?
Como é o caminho largo?
Como sei em qual caminho estou?

Dedicaremos um tempo considerável a essas questões importantes, mas, antes disso, podemos reservar um instante para dar nome ao elefante na sala? O que quero dizer é o seguinte: Jesus não está simplificando demais a vida quando nos oferece apenas dois caminhos? A vida não é mais cheia de nuanças e mais complexa do que isso? O que ele considera soa reducionista. Confunde. Até ofende.

Em outras passagens dos Evangelhos, Jesus habilmente contorna todos os tipos de dilemas éticos e teológicos respondendo a perguntas de um ângulo que ninguém esperava. Mas aqui não há sutileza. Existem dois caminhos: largo ou estreito. Mas, antes de deixarmos esse ensinamento de lado, reconheçamos que Jesus está em boa companhia quando sugere dois caminhos.

Ele está na companhia de Javé no Antigo Testamento quando são apresentados dois caminhos — morte e vida — ao povo de Deus (veja Dt 30.19).

Ele está na companhia do Mestre Yoda, que pregou sobre os dois caminhos da Força: o lado luminoso e o lado sombrio (brincadeira, em parte).

Ele está na companhia de Morpheus, que ofereceu a pílula azul e a pílula vermelha a Neo em *Matrix*. Muitos mestres, religiosos ou não, apresentam dois caminhos divergentes e convidam seus seguidores a escolher um deles.

Ao oferecer dois caminhos, Jesus está sendo claro, não cruel. Ele está nos conduzindo à vida — nos libertando da paralisia causada pela fadiga das decisões.

Quando a maioria das pessoas lê as palavras de Jesus sobre os caminhos estreito e largo, a leitura é feita através das lentes de princípios morais bons *versus* ruins, ou talvez da vida após a morte. O caminho estreito é aquele que pessoas "boas" seguem; o caminho largo é a rota preferida de pecadores "maus". O caminho estreito é a via de acesso ao céu, enquanto o caminho largo é a estrada para o inferno. Mas essa visão não é o que Jesus tem em mente. Naturalmente, o caminho que você escolhe agora tem implicações para a eternidade, mas Jesus também deseja nos formar *hoje*. Dar testemunho da natureza radical da vida em seu reino. O caminho largo é a vida fora da norma e do caminho de Jesus; o caminho estreito é a vida submetida a ele e à sua sabedoria subversiva.

Estou no caminho largo?

É provável que esta seja a pergunta martelando em nossa cabeça: *Como sei que estou no caminho largo?* O Sermão do Monte ajuda a responder a essa pergunta, permitindo que vejamos que é possível servir a Deus sem caminhar com ele. Em outras palavras, podemos estar no caminho largo sem saber disso. As palavras de Jesus são uma análise perspicaz do problema humano. Não me canso de dizer: Deus deseja formar-nos como um todo, e uma grande parte dessa formação requer que reconheçamos nossas falsas suposições sobre ele e sobre a "vida boa". Simplifiquemos os problemas diante de nós em três afirmações. Você pode estar no caminho largo se...

1. Acreditar que Deus se importa apenas com seu comportamento, não com seu coração (moralismo).
2. Tiver uma visão superficial do que é a "vida boa" (obsessão por sucesso).
3. Vir a espiritualidade apenas como você e Deus (individualismo).

A convergência desses três problemas serve como a raiz de nossa ruína espiritual. Eles constituem o caminho largo — o caminho seguido pela maioria.

Moralismo

Lembro-me de ter oferecido uma série de sessões de aconselhamento pastoral a um membro de nossa comunidade. Vamos chamá-lo de Jeremy (não é seu nome verdadeiro). Jeremy, um professor de ensino médio de 37 anos, estava preocupado com o pai idoso. Ele externou sua crescente fadiga e ressentimento reprimido por causa de tudo o que estava passando no trabalho e em casa. O pai precisava de *um pouco* de ajuda extra, mas, de forma realista, se Jeremy diminuísse ligeiramente o ritmo, as coisas seriam mais tranquilas. Jeremy lamentou que não conseguia tirar um sábado de descanso, e a ideia de cuidar de si mesmo parecia impossível. Ele queria orientação sobre práticas de oração que pudessem ajudá-lo a carregar melhor esse fardo. Até aí, tudo bem.

Na terceira sessão, comecei a aprofundar a questão. Perguntei se ele poderia tirar um final de semana de folga sem ter de ajudar o pai para que pudesse descansar um pouco. Ele imediatamente fez uma lista de todas as razões pelas quais isso não seria possível. Insisti.

— Jeremy, e se você dissesse ao seu pai que, daqui a duas semanas, você estará fora?

— Posso tentar, mas não sei se será possível — respondeu.

Insisti mais um pouco. Levantei-me com um marcador na mão e caminhei até o quadro branco.

— Que mensagens internas podem estar estimulando suas ações?

Depois de sete a oito minutos de silêncio, começamos a entender o que se passava em seu íntimo. Acabamos por especificar três mensagens interiorizadas:

1. "Se não ajudo, não sou um bom filho."
2. "Minhas necessidades não são importantes."
3. "Dizer não ao meu pai significa que estou violando o quinto mandamento sobre honrar pai e mãe."

Olhamos ao mesmo tempo para o quadro branco, e ofereci algumas perspectivas alternativas que desafiaram suas mensagens internas. Duas semanas depois, ele tirou um final de semana de folga e se sentiu péssimo. Processamos outras coisas uma semana depois, e ambos notamos algumas mudanças positivas em sua perspectiva.

Resumimos a lição que fomos percebendo aos poucos com estas palavras no quadro branco: "Focalizar meu comportamento externo sem fazer um exame interior cria ressentimento." (Por *exame interior*, estou me referindo à prática de examinar em oração os valores, mensagens, motivos e sentimentos que nutrimos.)

Jeremy poderia ter passado a vida inteira preso a um conjunto de mensagens interiorizadas que o compeliam a servir aos seus pais de maneira incansável. E essa possibilidade de escravidão existe em todos nós.

Jesus não tem só a ver com ajustar o comportamento. Ele se importa com *quem estamos nos tornando*, não apenas com o que fazemos. Ele rejeita uma espiritualidade que não transforma nosso coração. Ajustar nosso comportamento — mesmo no sentido positivo — sem um exame interior nos escravizará.

Em outras palavras, podemos fazer tudo o que é certo, mas nunca examinar por que ou como deveríamos fazê-lo. Sei o que é ajudar os outros não por causa de uma profunda preocupação, mas para evitar que eles sintam desgosto. Sei bem o que é falar a verdade não porque sou constrangido por Deus a fazer isso, mas porque tenho medo de ser rejeitado por pessoas que respeito. Sou mestre em dizer sim a todos os tipos de convites, não porque me sinto conduzido por Deus, mas porque serei visto de forma positiva.

O caminho largo se contenta em acreditar nas coisas "certas" e fazer as coisas "certas", pressupondo que é só isso que Jesus quer. Mas um exame mais profundo de nossas motivações é necessário para cultivarmos a vida com Deus.

Podemos fazer esse exame mais profundo por meio de algumas perguntas simples: *Por que fazemos o que fazemos? Por que oramos? Por que servimos aos outros?* É possível vivermos muitos anos sem dedicar tempo para examinar os motivos complexos que impulsionam nossas decisões e estilos de vida. Quando fazemos isso, é comum desenterrar medos, vergonha, orgulho e realizações.

Infelizmente, poucas pessoas dedicam tempo para investigar suas próprias motivações.

É mais fácil lidar com comportamentos viciantes sem examinar as feridas mais profundas que tentamos aliviar. É mais fácil trabalhar ininterruptamente sem fazer uma pausa para examinar as maneiras pelas quais estamos tentando assegurar amor ou alcançar *status*. Diminuir o ritmo — olhar para dentro — é difícil. Jesus nos chama, porém, a sondar nosso próprio coração.

Não é possível conhecer a Deus profundamente sendo um estranho para si mesmo. Conheço muitas pessoas que dizem conhecer a Deus, mas que não conhecem a si mesmas. Quando Jesus trata de assuntos como cobiça ou ira no Sermão do Monte, ele está especificando essa realidade. Ele não nos deixa viver na superfície. Ele nos chama a ir mais fundo.

A mudança de comportamento sem exame interior, por fim, leva à devastação espiritual.

Obsessão por sucesso

Evitamos também o caminho estreito de Jesus porque acreditamos que exista uma opção melhor lá fora — uma opção que ofereça mais diversão, liberdade e satisfação. Feche os olhos por um instante e reflita sobre o que a "vida boa" significa para você. O que lhe vem à mente? É provável que, para muitos de nós, o significado de uma vida boa seja saúde, uma bela casa, uma carreira bem-sucedida, uma família amorosa, muito tempo para lazer e a ausência de dor. É, sem dúvida, no que *eu* penso!

Esses indicadores da vida boa são maravilhosos. Todos desejamos ter boa saúde, uma bela casa, sucesso nas empreitadas profissionais, relacionamentos amorosos e tempo para relaxar. Mas a vida boa que imaginamos é inspirada no sonho americano ou no reino de Deus? Fazer com que a vida gire em torno de Deus (em nosso caso, a mensagem do Sermão do Monte) não significa que essa visão da vida boa precise ser totalmente deixada de lado. No entanto, exige que nos perguntemos honestamente: *O que realmente está moldando a trajetória de minha vida?*

O caminho largo é aquele que nós mesmos criamos, o que explica por que é a rota preferida. Nós definimos o curso. Nós determinamos o que é sucesso. Nós criamos os critérios de avaliação. Mas Jesus não nos deixa à mercê de nós mesmos. Ele nos confronta e nos convida a seguir um caminho que a maioria das pessoas não se anima em escolher. E por que não estão propensas a escolhê-lo? Porque ele não vem com todos os detalhes das noções culturais que temos do que é bom.

Jesus entende isso pessoalmente.

Logo após seu batismo, quando o Pai afirma: "Você é meu Filho amado, que me dá grande alegria" (Mc 1.11), Jesus entra no deserto para ser tentado pelo diabo. Cada tentação — a de transformar pedras em pão, curvar-se para Satanás e saltar do alto do templo — tem por objetivo distorcer a visão de Jesus acerca da vida boa. O diabo oferece uma visão que valoriza a gratificação imediata, não a dependência disciplinada; o poder, não o serviço; os aplausos, não a humildade.

O diabo, à sua maneira, tenta desviar Jesus do caminho estreito. Jesus deve escolher: Ele é um messias que pensa em si mesmo, não nos outros? Ele vive em função do poder ou abre mão dele pelos outros? Vive para ser aplaudido pelas pessoas ou descansa na afirmação de seu Pai? Jesus escolhe o caminho estreito, que o priva de alimento, poder e aprovação — pelo menos por um tempo.

Qual é sua visão de uma vida boa? Como sua família resume uma vida bem vivida? Qual é sua compreensão de um mundo bom? Se você não tem certeza, observe como gasta seu dinheiro e tempo. O que você não para de buscar? Quais são seus desejos e objetivos mais profundos? Onde sua ambição vem à tona? Essas perguntas ajudam a mostrar se você está sendo moldado à imagem de Jesus ou se está imitando o mundo caído ao seu redor.

Jesus nos convida a reimaginar o verdadeiro significado de uma vida boa. Veja as vidas transformadas nos Evangelhos por causa do caminho alternativo de Jesus. Observe a liberdade resultante de seu perdão generoso. Contemple aqueles que nele encontraram conforto — pessoas que passaram a vida inteira se sentindo desamparadas espiritual e socialmente. Imagine as multidões que foram curadas por causa da compaixão de Jesus.

Pense no que você, com o poder do Espírito de Deus, pode realizar ao longo da vida! Redefinir a vida boa pode parecer uma perda a princípio, mas, por fim, produz o tipo de significado pelo qual você anseia — uma vida que abençoa os outros e evita as armadilhas já bem conhecidas de nosso mundo.

Individualismo

"Você tem que ser você mesmo." Esse é o conselho que ouvi de um jovem falando ao telefone enquanto desfilava por uma calçada no Queens, em Nova York, onde moro. Suas palavras captam uma máxima adotada por muitos: Apenas seja você mesmo. "Ser você mesmo" pode ser uma correção necessária para quem está muito preocupado com o que os outros pensam. Pode ser uma expressão de autocuidado para quem tem negligenciado as próprias necessidades. Mas, muitas vezes, "ser você mesmo" é apenas outra maneira de escolher o caminho largo do individualismo espiritual.

Esse problema pode ser o mais enganoso, convencendo-nos de que amamos a Deus mesmo enquanto negligenciamos nosso próximo.

Como exemplo, considere a noção de liberdade norte-americana, que diz: "Minha liberdade é *minha* para aproveitar". Compare isso com a liberdade cristã, que implica: "Minha liberdade é para o propósito de servir ao meu próximo" (veja Gl 5.13).

Liberdade cristã tem a ver com serviço. A liberdade muitas vezes defendida em nossa cultura diz respeito ao eu. A liberdade cristã é encontrada em Deus, no próximo e em mim mesmo (nessa ordem). A liberdade moderna gira em torno da tríade profana: eu, eu mesmo e euzinho.

Nosso amor pelo próximo — especialmente pelo próximo que é muito diferente de nós — é a prova de nosso amor por Deus. Nossa teologia, por melhor que seja, torna-se irrelevante e idólatra quando não é usada para amar a Deus e ao próximo.

Ninguém entende isso melhor do que Jesus. Em uma cena, ele é abordado pelos fariseus, um grupo de líderes religiosos que eram devotos rígidos na época de Jesus: "Mestre, qual é o mandamento mais importante da lei de Moisés?" (Mt 22.36).

Percebendo uma armadilha verbal, Jesus cita Deuteronômio 6.4-5: "*Ouça, ó Israel! O* Senhor, *nosso Deus, o* Senhor *é único! Ame o* Senhor, *seu Deus, de todo o seu coração, de toda a sua alma e de toda a sua força*". Então, logo depois de fazer referência a essa escritura bem conhecida, ele acrescenta algo: "'Ame o Senhor, seu Deus, de todo o seu coração, de toda a sua alma, de toda a sua mente e de todas as suas forças'. O segundo é igualmente importante: 'Ame o seu próximo como a si mesmo'. Nenhum outro mandamento é maior que esses" (Mc 12.30-31).

A pergunta era: "Qual é o mandamento mais importante da lei de Moisés?". Jesus cita dois. "Nenhum outro *mandamento* é maior que *esses*." Agora, para os professores de gramática por aí, é possível notar o problema dessa frase. Um só mandamento deveria ter um modificador no singular. Esperamos que Jesus diga: "Nenhum outro mandamento é maior que *esse*".

É gramaticalmente incorreto, mas, em termos espirituais, é perspicaz.

Na mente de Jesus, esses dois mandamentos são inseparáveis. É impossível separar o amor a Deus do amor aos outros. É impossível separar nosso relacionamento pessoal com Deus de nossos relacionamentos pessoais com aqueles ao nosso redor. Estou ciente disso em várias noites da semana, à mesa de jantar com nossa família.

Antes de cada refeição, oferecemos uma palavra de amorosa gratidão a Deus pelo alimento que estamos prestes a comer (aquelas coisas típicas de cristãos, sabe). Oramos também por aqueles em nosso bairro que talvez não tenham teto nem comida. Orar por aqueles que têm fome pode ser um ato de amor, mas também uma maneira sutil de escapar ao trabalho mais árduo do amor prático. Uma das formas pelas quais tento ajudar meus filhos a pôr em prática os mandamentos de Jesus é mostrar-lhes maneiras simples de serem generosos, como doar dinheiro ou dedicar tempo para servir aos pobres. É uma maneira simples de ajudar a eles (e a nós como pais!) a ver a conexão que Jesus faz entre o amor a Deus e o amor ao próximo.

Esses dois mandamentos se espelham um no outro. Seu modo de amar a Deus é seu modo de amar seu próximo, e seu modo de amar seu próximo é seu modo de amar a Deus.

Deixe-me repetir: Seu modo de amar os outros é seu modo de amar a Deus. Essa é uma das razões pelas quais muitos estão desistindo da igreja. Uma fé que afirma amar a Deus, mas maltrata os outros, é uma farsa. A evidência para saber se nosso caráter está sendo formado por Jesus é encontrada na qualidade de nosso amor.

Ao longo do Sermão do Monte (e em várias outras passagens nos Evangelhos), Jesus define o caminho largo como um estilo de vida que não vê o amor a Deus e o amor ao próximo como um único fio condutor. Tragicamente, há muitos cristãos no caminho largo. Quando a igreja se recusa a amar o próximo — seja ele homossexual, negro, branco, imigrante, pobre, de esquerda ou de direita —, estamos trilhando um caminho que não leva à vida.

Embora seja fácil inclinar-se para o caminho largo — ceder ao moralismo, à obsessão por sucesso e ao individualismo —, há uma boa notícia. Existe outro caminho que está ao nosso alcance. Jesus nos convida ao caminho estreito, e, por mais que tenhamos nos desviado dele, somos sempre bem-vindos. É disso que este livro trata.

A promessa do caminho estreito

O caminho estreito não tem a ver com o número de pessoas que, por fim, estarão no céu; tem a ver com o número de pessoas que se permitirão ser formadas pelo caminho subversivo e, por fim, redentor de Jesus.

Para o mundo, esse caminho parece rígido, impraticável e desconfortável (certamente, será em alguns momentos), mas, assim como um mergulhador se ajusta à pesada pressão de uma existência subaquática, se nos submetermos ao processo, Jesus nos mostrará um mundo de maravilhas que nunca imaginamos ser possível! Podemos permanecer na superfície, seguros e secos, espiando para dentro da água, vislumbrando belezas indistintas lá embaixo... *ou* podemos mergulhar e entrar em um reino glorioso.

Sei, por experiência própria, como é aterrorizante mergulhar fundo, por isso façamos essa jornada juntos. Felizmente, o caminho estreito é para os que têm fome espiritual, não para a elite. Se você optar por seguir Jesus nesse caminho, ele irá ao seu encontro de maneiras inesperadas. Sim, ele pode derrubar o falso eu que você construiu, mas, em vez de ter sua identidade apagada, você se tornará uma pessoa completa e verdadeira. Você descobrirá que a vida é um jugo fácil de carregar e um fardo leve. Você encontrará a graça de Deus que o capacita para levar uma vida verdadeiramente significativa.

É fácil? Nem um pouco. Vale a pena? Como diz Jesus, você descobrirá a vida "plena" (Jo 10.10).

Está pronto? Um passo de cada vez. Vamos lá.

2
Felicidade inesperada

O *New York Times* publicou um artigo intitulado "A aula mais popular da Universidade Yale: Felicidade". O artigo começa da seguinte forma:

> Em 12 de janeiro, poucos dias depois de abrirem as inscrições na Yale para a disciplina Psico 157, Psicologia e a Vida Boa, cerca de trezentas pessoas já estavam inscritas. Em três dias, esse número mais que dobrou. Outros três dias depois, aproximadamente 1.200 estudantes, ou quase um quarto dos alunos de bacharelado de Yale, estavam matriculados.[1]

O que provocou uma resposta tão grande? Algo que vive dentro desses estudantes — dentro de todos nós — anseia pela vida boa. O fato é que, muito antes de Yale abrir um curso sobre felicidade, Jesus iniciou o Sermão do Monte com uma cartilha sobre o que ele chama de verdadeira *felicidade*. Os breves fragmentos de seu sermão sobre a verdadeira felicidade são muitas vezes chamados de "bem-aventuranças".

A vida feliz

Então, o que *significa* felicidade, de acordo com as bem-aventuranças de Jesus? Alerta de *spoiler*: Não é o que a maioria das pessoas pensa. Jesus não descreve principalmente emoções ou sentimentos; em vez disso, descreve um modo de vida subversivo e surpreendente — uma existência de cabeça para baixo que desafia nossa compreensão de quem está no alto e de quem está no chão.

Na introdução de seu manifesto, Jesus não mede palavras. Vai direto ao ponto desde o início. Desafia e critica a sabedoria e as convenções sociais predominantes. Detalha o que é a verdadeira vida boa e quem são os verdadeiramente felizes.

Observe que, em vez de apresentar uma lista de deveres, ele começa seu sermão permitindo que saibamos quem é feliz. Ao começar assim, ele esclarece que aqueles em seu reino não trabalham *em busca* de felicidade, mas *a partir* dela. Os discípulos de Jesus não precisam *buscar* felicidade; Deus *já* os torna felizes. Jesus parece saber algo sobre a condição humana: Podemos passar uma vida inteira subindo determinada escada de sucesso ou felicidade e descobrir, no final, que a escada que subimos estava encostada na parede errada. Com bondade, Jesus anuncia o que todos estamos buscando: alegria.

Quem são os felizes?

Ser feliz é ser aceito e aprovado por Deus, quer as circunstâncias pareçam confirmar ou negar isso. A felicidade produz alegria e contentamento inegáveis, sejam quais forem as circunstâncias.

Quem são as pessoas com quem mais queremos nos parecer? Normalmente, aquelas que são mais afortunadas, felizes e prósperas. Em outras palavras, queremos ser como aqueles que consideramos felizes. Mas Jesus toma essa palavra carregada de conotações culturais e inverte o sentido. Por quê? Porque a humanidade foi seduzida por uma visão da vida boa baseada em boa saúde física, dinheiro em abundância, positividade, aclamação e poucos desafios.

Jesus vira tudo de pernas para o ar, explicando que as pessoas mais afortunadas são aquelas socialmente desprezadas, consideradas indignas pela cultura dominante e que reconhecem sua profunda necessidade de Deus.

Seguir Jesus é ter um critério de sucesso e importância radicalmente diferente. A rejeição de Deus à nossa versão cultural de sucesso (riqueza, saúde, poder, influência e assim por diante) incomoda muitas pessoas cuja vida se baseia nisso. Isso não significa que Deus despreza as pessoas que estão bem de vida; significa que ele conhece o benefício da ruptura espiritual, especialmente quando as suposições predominantes sobre a vida boa são perigosas.

Essa ruptura é encarecidamente necessária. Como alguém que dá muito valor ao que as pessoas pensam sobre mim, associei, no subconsciente, ter uma vida boa a evitar conflitos. Se ninguém estiver com raiva de mim, acredito que estou me saindo bem. Para Jesus, no entanto, o conflito é, às vezes, necessário por causa do amor.

Para outras pessoas, a vida boa está ligada a prazeres e diversão. Aguentar tarefas pesadas no trabalho ou em casa é sinal de que falta qualidade à vida. Mais ainda, a vida boa pode ser reduzida a influência e poder. Admiração e respeito tornam-se o objetivo.

Então, como é a vida boa no reino de Jesus?

Examinemos brevemente cada bem-aventurança e, em seguida, consideremos suas implicações para nossa vida.

Felizes os pobres de espírito

Felizes os pobres de espírito, pois o reino dos céus lhes pertence.

Mateus 5.3

No Evangelho de Mateus, Jesus usa a expressão "pobres de espírito". No Evangelho de Lucas, é usado apenas o termo "pobres" (6.20). Os estudiosos observam que, ao escrever, Lucas tinha em mente os pobres *em termos materiais*, enquanto Mateus se referiu a eles *em termos espirituais*. Ambos devem ser considerados.

Ser espiritualmente pobre é reconhecer nossa profunda necessidade da vida e do amor de Deus. É uma confissão de inadequação. Ao longo dos anos, ouvi pessoas dizerem que a religião em geral (e o cristianismo em particular) é para os fracos que precisam de uma muleta para ajudá-los a superar os desafios da vida. Lembro-me de ter uma conversa com alguém que mencionou essa necessidade da "muleta" da religião. Respondi que discordava de sua descrição do cristianismo. Enquanto ele se preparava para defender seu ponto de vista, eu lhe disse que o cristianismo era mais do que uma muleta para os fracos. Era uma cadeira de rodas, uma maca. Era um hospital. Melhor ainda, era um carro funerário. O cristianismo não diz que você está mancando e, por isso, oferece uma muleta; ele anuncia que estamos mortos e precisamos de um poder fora de nós para nos trazer à vida. É isso que significa ser pobre de espírito.

O termo *pobre* é uma tradução da palavra hebraica que carrega a ideia básica de "falta". Nos Salmos, quando alguém diz que é pobre, isso às vezes denota a falta de bens ou recursos. No entanto, quase sempre se refere à miséria *espiritual*. Os Salmos usam o termo *pobre* mais de trinta vezes para descrever aqueles que reconhecem que precisam de Deus.

Jesus diz que o reino pertence a essas pessoas. A única condição necessária para herdar esse reino é o reconhecimento de que, sem Jesus, estamos empobrecidos. Como diz Jesus em João 15.5, "Sem mim, vocês não podem fazer coisa alguma".

Felizes os que choram

Felizes os que choram, pois serão consolados.

Mateus 5.4

O mundo diz que felizes são aqueles que não têm problema. Felizes são os que sempre veem o lado bom das coisas. Calma aí! No reino de Jesus, o choro — não a festa — traz felicidade. Como isso é possível?

Chorar significa levar nossa dor a Deus. Lamentar. Recusar-se a maquiar a vida. É autenticidade, olhando honestamente para a fragilidade do mundo e de nossa vida.

Quando eu era estudante universitário, uma de minhas tarefas em uma aula de formação espiritual foi escrever um trabalho de oito páginas sobre dor e perda. Foi uma tarefa dolorosa porque foi a primeira vez que me permiti considerar as perdas que sofri ao longo da infância (incluindo várias traições de confiança, bem como a perda de familiares por mortes prematuras). Enquanto eu processava essas coisas, minha dor parecia insuportável.

Mesmo hoje, lidar com a dor do passado é difícil para mim, mas conheci Deus enquanto fazia isso. Posso ser facilmente moldado por um mundo que anestesia a dor e rapidamente segue em frente. Mas a alegria que encontramos no caminho estreito do reino não vem pela eliminação da dor. Excluir a dor de nossa vida é destruir nossa alegria também. Não podemos anestesiar nossas emoções sem comprometer todo o resto.

Jesus não quer que afundemos na dor; em vez disso, ele nos dá acesso ao consolo de Deus. Ele nos ajuda a nos tornar o tipo de pessoas que demonstram o cuidado de Deus a um mundo ferido. Por isso, uma das grandes práticas da espiritualidade é ler os Salmos regularmente, mesmo aqueles que não parecem refletir nosso estado emocional no momento. À medida que nos abrimos para as orações e cânticos de lamento, temos vislumbres do mundo destroçado que habitamos e somos convidados a participar com Deus da obra de cura deste mundo.

Felizes os humildes

Felizes os humildes, pois herdarão a terra.

Mateus 5.5

Humildade não é fragilidade; é poder sob controle. Ela se recusa a ser moldada por uma possessividade agressiva e adota uma humilde confiança. Os humildes não são pessoas tímidas ou autodepreciativas. Pelo contrário, Jesus diz que essas pessoas herdarão a terra. Elas são vitoriosas, não vítimas.

Mais uma vez, Jesus inverte a vida como a conhecemos. Aqueles que herdarão a terra — que é uma abreviação para a "vida futura" — serão os que agora são impotentes e oprimidos. Isso não é um chamado à passividade diante da injustiça (como deixa claro a próxima bem-aventurança); é uma visão esperançosa do amanhã que direciona nossa obra hoje.

Aos olhos de Jesus, os pobres, os maltratados, os oprimidos, os marginalizados e os deserdados têm um *status* especial em seu reino. Da mesma forma que sua vida cruciforme levou a uma gloriosa ressurreição, aqueles que sofrem agora têm a promessa de uma gloriosa herança. Esse é o misterioso amor de Deus que busca justiça.

Embora a gentileza seja valorizada no reino de Deus, poucas coisas parecem mais tolas para quem vive na cidade como eu. Se você já passou tempo em uma cidade grande, logo descobre que, se quiser sobreviver, é preciso ser agressivo. Quando jogo basquete no Brooklyn, não junto meu time e digo: "No três, peguem leve!". Quando pego o metrô na hora do *rush* em Manhattan, a gentileza não me leva a lugar algum. Se dirigir pela cidade driblando gentilmente o trânsito, serei devorado vivo.

Somos treinados a pensar que, se quisermos vencer, temos de ser agressivos. No entanto, no reino de Deus, é o caminho da gentileza que curará o mundo.

Felizes os que têm fome e sede de justiça

Felizes os que têm fome e sede de justiça, pois serão saciados.

Mateus 5.6

Fome e sede não são sinais típicos de felicidade, mas, novamente, os caminhos de Jesus não são os nossos. É possível explicar que quem Jesus tem em mente são aquelas pessoas privadas de equidade (uma boa tradução da palavra *justiça*) e aquelas que a aplicam.

Deus tem prazer em abençoar os que anseiam por justiça. Jesus diz: "serão saciados". Isso se refere à vitória final de Deus: quando ele acabar com a injustiça, a opressão e o mal de uma vez por todas. Um dia, este mundo, que se contorce na agonia da injustiça, será completamente curado. Essa é uma boa notícia para aqueles que caíram na armadilha do tráfico humano. Para aqueles que estão sujeitos a políticos corruptos. Para a pessoa presa em um relacionamento abusivo. Em todos esses casos, aqueles que anseiam por ver as coisas serem corrigidas — depois de terem sido alvo de tanto mal — serão saciados com a gratificação de ver Deus julgar o mal e trazer justiça.

Além disso, essa bênção é concedida aos que levantam a voz e se unem àquelas pessoas que anseiam por um mundo melhor. O primeiro sermão de Jesus no Evangelho de Lucas (veja o cap. 4) fala sobre as boas-novas para os ignorados. O evangelho liberta os vulneráveis, os pobres e os maltratados. Traz plenitude individual, interpessoal e institucional.

Essa bem-aventurança nos lembra que, um dia, Deus tornará imperfeito tudo o que é triste. Está chegando o dia em que ele exaltará os humildes e humilhará os orgulhosos — em que acabará com toda opressão e exploração. Quem, então, são os felizes? Em suma, aqueles que buscam corrigir as coisas, assim como Deus faz.

Felizes os misericordiosos

Felizes os misericordiosos, pois serão tratados com misericórdia.
Mateus 5.7

Vivemos em um mundo dominado pela maldade, não pela misericórdia. Portanto, faz sentido que Jesus conecte felicidade (bem-aventurança) e misericórdia. Misericórdia significa socorrer os necessitados. À medida que essa prática vai sendo incorporada em nossa vida, nós nos tornamos reflexos do Pai, que tem prazer em mostrar misericórdia (veja Mq 7.18). Deus é o pai que corre atrás dos filhos depois de terem arruinado a própria vida. Deus é aquele que restaura a saúde dos enfermos com seu toque poderoso. Deus é aquele que perdoa nossos pecados e não os menciona novamente. Misericórdia. Pura misericórdia.

Essa bem-aventurança confunde as pessoas porque parece sugerir que apenas os misericordiosos podem receber misericórdia. Isso não precisa causar confusão. Deus em Cristo é fonte inesgotável de misericórdia e graça. A misericórdia de Deus chega muito antes de a buscarmos conscientemente. Ela está presente mesmo enquanto permanecemos alheios ao seu poder transformador. Ela é preveniente — move-se em nossa direção antes de podermos retribuir o favor. A misericórdia de Deus vem primeiro. Então, depois de vivermos dentro dessa dádiva da misericórdia, aprendemos a transmiti-la aos outros. O reverendo e teólogo Ron Rolheiser capta muito bem essa ideia em uma conversa que teve com um velho reverendo. Certa noite, ele perguntou:

> "Se você pudesse viver seu sacerdócio novamente, faria algo diferente?" De um homem tão cheio de integridade, eu esperava perfeitamente que não houvesse arrependimentos. Por isso, sua resposta me surpreendeu. Sim, ele tinha um grande arrependimento, e disse: "Se eu pudesse viver meu sacerdócio novamente, seria menos rigoroso com as pessoas da próxima vez. Não seria tão parcimonioso com a misericórdia de Deus, com os sacramentos, com o perdão. [...] Receio que tenha sido muito duro com as pessoas. Elas já carregam dores suficientes sem que eu e a igreja coloquemos mais fardos sobre elas. Eu deveria ter apostado mais na misericórdia de Deus!".[2]

Que expressão maravilhosa: "Eu deveria ter apostado mais na misericórdia de Deus!".

Felizes os que têm coração puro

Felizes os que têm coração puro, pois verão a Deus.

Mateus 5.8

Há alguns anos, olhei para as estrelas através do telescópio de um amigo. Demorei um pouco para ver as constelações que ele estava mostrando, mas ele continuou a me encorajar a ajustar o foco. Quando finalmente consegui discernir os contornos celestiais, brotou uma alegria dentro de mim. Eu precisava de algo que me ajudasse a ajustar o foco e a estreitar minha atenção para ver. É isso que Jesus está dizendo com essa bem-aventurança.

Ter coração puro é "desejar uma só coisa", nas palavras de Søren Kierkegaard.[3] É dizer, como disse Davi em Salmos 27.4: "A única coisa que peço ao Senhor, o meu maior desejo". Ter coração puro é fazer o que Maria (irmã de Marta) faz aos pés de Jesus. Ela se senta aos pés dele, atenta a cada palavra (veja Lc 10.39). Jesus elogia Maria, dizendo: "Apenas uma coisa é necessária. Quanto a Maria, ela fez a escolha certa" (v. 42).

O reino de Jesus nos convida à concentração total. Mais uma vez, a "estreiteza" não fecha nossos olhos para o mundo real; pelo contrário, como no uso de um telescópio, estreitar nosso foco *expande* nossa visão. A pureza de coração, em geral, é vista através das lentes do moralismo, como aqui: "Não deixe seu coração ser contaminado pela sujeira do mundo". Sem dúvida, como seguidores de Jesus, é bom discernirmos as coisas que observamos e ouvimos, sabendo que estamos sempre sendo moldados por algo. Contudo, a pureza sobre a qual Jesus está fundamentalmente falando aqui é fazer de Deus o único foco de nosso coração e afeição.

Deus se distingue de sua criação, mas pode ser visto no meio dela. Ele deseja que você o veja em todas as coisas e por meio delas. É isso que significa ser místico. O misticismo é geralmente associado a visões esotéricas e experiências estranhas. Mas, na essência do misticismo cristão, está uma habilidade cada vez maior, gerada pela graça, de ver traços de Deus no mundo. Esta é a boa notícia do reino: Deus se faz acessível aqui e agora. Para vê-lo, porém, você deve ter coração puro.

Como fazemos isso? Contemplando Deus em oração e silêncio. Os que têm coração puro são mais conhecidos por sua capacidade de prestar atenção em Deus do que de evitar o pecado. De fato, concentrar nossa atenção e afeição em Deus é a estratégia mais poderosa para derrotar o pecado.

Felizes os que promovem a paz

> Felizes os que promovem a paz, pois serão chamados filhos de Deus.
>
> Mateus 5.9

Os que promovem a paz são aqueles que se esforçam para estabelecer relações corretas, mesmo que isso custe seu conforto. Normalmente, não escolhemos esse caminho, nem entendemos de fato o que ele significa. Jesus *não* diz: "Felizes os que *mantêm* a paz". Qual é a diferença entre manter a paz e promover a paz?

Aqui está a distinção. *Manter* a paz significa não perturbar a paz, evitar conflitos e ser superficial. É assegurar que ninguém ficará chateado. Isso não é paz verdadeira. Quando, por medo, evitamos o conflito e apaziguamos as pessoas, somos falsos pacificadores. Aqui estão alguns exemplos do dia a dia:

- Você está chateado com seu cônjuge, que sempre chega tarde em casa depois do trabalho. Você não diz nada,

tentando não criticar, mas, por dentro, está se remoendo porque precisa de ajuda com as crianças no final de um longo dia. Você age de forma passivo-agressiva e lhe dá o tratamento do silêncio. Isso é falsa paz.
- Você ouve colegas de trabalho difamando seu chefe. Você discorda deles, mas, como tem receio de falar, acaba por concordar. Você pensa: "Não quero criar uma situação embaraçosa". Isso é falsa paz.
- Seu namorado é irresponsável, mas você sente pena dele. Você pensa: "Ele já passou por tanta dor na vida. Como posso lhe causar mais dor?". Então, você desiste de lhe dizer que o comportamento dele está matando pouco a pouco o relacionamento de vocês, que está sofrendo uma morte lenta. Isso é falsa paz.

Aí está o problema quando o assunto é *manter* a paz: mais cedo ou mais tarde, ele traz caos — não paz — para sua vida. *Promover* a paz é outra coisa. Os que promovem a paz não evitam o conflito; na verdade, promover a paz, às vezes, *cria* conflito. Vemos isso no caso de Jesus. Como o epítome do amor, ele nem sempre foi gentil — pelo menos, não como as pessoas de hoje veem a gentileza.

Em várias ocasiões, ele irrompeu no templo e derrubou mesas porque pessoas pobres e vulneráveis estavam sendo exploradas (veja Mt 21.12). Quando viu os líderes religiosos impondo às pessoas jugos de condenação, ele os confrontou com palavras severas.

Como revela a vida de Jesus, promover a paz muitas vezes é algo que encontra resistência. Paradoxalmente, promover a paz significa entrar em uma guerra. A paz de Deus erradica os esquemas de exploração do mal, e esse mal não recuará sem lutar. O que nos leva à última bem-aventurança de Jesus — sobre a perseguição.

Felizes os perseguidos por causa da justiça

Felizes os perseguidos por causa da justiça, pois o reino dos céus lhes pertence.

Felizes são vocês quando, por minha causa, sofrerem zombaria e perseguição, e quando outros, mentindo, disserem todo tipo de maldade a seu respeito. Alegrem-se e exultem, porque uma grande recompensa os espera no céu. E lembrem-se de que os antigos profetas foram perseguidos da mesma forma.

Mateus 5.10-12

Essa bem-aventurança não é para os covardes. O mundo precisa de pessoas que promovam a paz, mas o esforço pela paz exige que entremos em situações muitas vezes dominadas por forças que causam preocupações. O domínio dessas forças pode levar à violência, à medida que as pessoas resistem ao chamado a um novo modo de viver no mundo — um modo que as impede de explorar os fracos em benefício próprio.

Observe que Jesus diz: "Felizes os perseguidos *por causa da justiça*". Ele não concede bênçãos àqueles perseguidos por moralismo. Ou por zelo religioso. Ou por qualquer outra coisa. É fácil ver toda dificuldade como uma recompensa pela "justiça", mesmo quando nossos problemas não passam de consequências de teimosia e orgulho. A verdadeira perseguição ocorre quando somos maltratados por causa de um compromisso firme com a justiça. Com certeza, caminhar com Jesus fará com que algumas pessoas se voltem contra nós. A boa notícia é que esses maus-tratos são uma bênção no longo prazo. Não desista!

A vida boa

Certo, respire fundo. Jesus está fazendo uma grande reorganização cultural e psicológica para nós. Vamos resumir essas oito bênçãos em três princípios que mostram por que seguir o caminho estreito de Jesus leva a uma vida boa — a *melhor* vida.

Primeiro, *Deus abençoa a fraqueza, não a força*. Reflita novamente sobre as palavras que Jesus enfatiza: *pobres, os que choram, humildes* e *misericórdia*. As estruturas de poder de nosso mundo não conhecem esses termos. Você nunca verá uma revista destacando a lista das quinhentas empresas menos valiosas. Não, você só lerá sobre os ricos e poderosos. Em muitas culturas, chorar é sinal de fraqueza. Marmanjos não choram, certo? Aqueles que estão em contato com a dor e a perda muitas vezes são considerados mais fracos que aqueles que seguem em frente com determinação. *Humildade* rima com *fragilidade*, então está explicado. Oferecer misericórdia geralmente é tido como fraqueza política e social.

Jesus subverte isso. Em vez dos autossuficientes, felizes são aqueles que dependem do poder de Jesus. Os que vivem com grande ternura e graça são os mais felizes. Os que rejeitam os jogos de poder do mundo estão especialmente próximos de Deus.

Aprendemos também, em segundo lugar, que *a vida boa está diretamente ligada à qualidade do amor que expressamos*. As bem-aventuranças de Jesus insistem que o amor é que torna a vida boa. Ter fome de justiça e equidade, promover a paz, oferecer misericórdia — todos esses atos são expressões de amor. No reino de Deus, os mais felizes são os que têm como foco o amor, não o acúmulo de bens ou poder. Andar lado a lado com Jesus é andar no caminho do amor. Um amor que busca trazer reconciliação onde há divisão. Um amor que se alegra com a misericórdia, não com o ressentimento. Um amor que se esforça para acabar com a injustiça, recusando-se a permanecer de braços cruzados. Para Jesus, esse é o caminho rumo à vida que satisfaz nossa alma.

Por fim, aprendemos com Jesus que a vida que Deus abençoa tem a natureza cruciforme. Jesus deixa claro que os felizes não estão livres de problemas. Pelo contrário, *suportam* problemas enquanto testificam o caminho subversivo de Jesus. Quem me dera poder dizer que seguir Jesus sempre leva a uma vida de lazer leve e confortável. Mas, como ensina Jesus em suas bem-aventuranças, a vida feliz está conectada à cruz. Ter Cristo como modelo de nossa vida exige a morte de nosso ego, de nosso falso eu e da cultura maior que incentiva o egocentrismo.

Aqui está a gloriosa notícia: o sinal da cruz é um sinal da vindicação de Deus que há de vir para todos que escolhem o Caminho de Jesus. Assim como ressuscitou Jesus dentre os mortos, Deus também ressuscitará *você* dentre os mortos. Assim como vindicou seu Filho, Deus também vindicará aqueles que escolhem o caminho do Filho.

Portanto, anime-se, querido amigo. Seguir Jesus, mesmo em meio à aflição, coloca você entre as pessoas mais felizes da terra.

3
Justiça inesperada

Se uma boa ação praticada não é postada nas redes sociais, ela realmente aconteceu? Se um ato de generosidade não é captado pela câmera e nunca viraliza, foi um gesto que valeu a pena? Essas perguntas, por mais irônicas que pareçam, mostram algo que tenho observado em minha própria vida: um desejo profundo de exibir minha bondade para os outros. Existe até um termo moderno para ele: *sinalização de virtude*.

Segundo Jesus, essa é uma luta antiga, uma tentação primitiva. Desejamos ser conhecidos e vistos, mas, se não tomarmos cuidado, esse desejo pode nos levar a uma espécie de performatividade que corrói a alma.

Em Mateus 6.1,3 — o ponto essencial do Sermão do Monte — Jesus inverte essa espiritualidade ostensiva: "Tenham cuidado! Não pratiquem suas boas ações em público, para serem admirados por outros [...] Mas, quando ajudarem alguém necessitado, não deixem que a mão esquerda saiba o que a direita está fazendo". Jesus revela uma característica essencial de seu caminho estreito: ocultação.

Trata-se de uma palavra importante para aqueles que, como eu, intuitivamente se esforçam para ser notados. Você se identifica? As redes sociais criaram (ou talvez revelaram) a fome que existe dentro de nós de sermos vistos. Como alguns disseram de forma apropriada, a geração de jovens adultos de nossos tempos — e as próximas — pode ser descrita como a Geração Notificação.

Toda vez que recebemos notificações — aqueles cobiçados círculos vermelhos ou azuis com um número dentro —, é liberada dopamina em nosso cérebro. Esse ciclo é difícil de quebrar. Mesmo que um comentário seja negativo, recebê-lo ainda é viciante, porque ser visto é melhor do que permanecer invisível.

Ser conhecido e visto é um de nossos desejos mais profundos. Mas, abandonados nas mãos de nossos dispositivos, ficamos presos em um ciclo interminável de espiritualidade performativa, em que buscamos receber dos outros o que pode ser dado apenas por Deus.

A advertência de Jesus para nós, portanto, não consiste apenas em boa espiritualidade; consiste em boa psicologia. Ser discípulo de Jesus exige ser uma pessoa inteira, não apenas realizar coisas religiosas. O que muitas vezes impede isso é a falta de autoconsciência — não conhecermos a nós mesmos no íntimo. Como podemos superar isso?

Boa autoconsciência *versus* má autoconsciência

Para combater o desejo implacável de ser visto pelos outros, somos chamados por Jesus à ocultação. Mais uma vez, o paradoxo do reino de Deus é evidente. O caminho estreito de Jesus diz que, se quisermos ser fortes, devemos ser fracos; se quisermos ser os primeiros, devemos ser os últimos; se quisermos ser os maiores, devemos ser os menores. É o mesmo padrão aqui: para sermos verdadeiramente vistos, devemos estar ocultos.

Essa ocultação é desafiadora porque Jesus não se refere principalmente à ocultação do mundo; refere-se à ocultação de *nós mesmos*. Para entender melhor essa questão, talvez seja útil fazer a comparação entre uma boa autoconsciência e uma má autoconsciência.

A boa autoconsciência identifica áreas de nossa vida que nos limitam. Ajuda-nos a identificar as forças que nos impedem de levar uma vida livre, plena e amorosa. A boa autoconsciência concentra-se em nossas reações e gatilhos. Reflete nas coisas que fazemos e nas que deixamos por fazer. A boa autoconsciência leva à humildade e nos convida a um processo de crescimento.

Quando Jesus diz: "Não deixem que a mão esquerda saiba o que a direita está fazendo" (Mt 6.3), ele nos convida a uma "santa falta de consciência".

O que me leva à tentação de uma má autoconsciência. A autoconsciência torna-se prejudicial quando o foco está em nossa própria justiça. Quando nos enredamos em nossa própria bondade, vivendo uma existência em que felicitamos a nós mesmos. A má autoconsciência se concentra em nossas ações e infla nosso crescimento espiritual. Houve muitas vezes em que fiquei obcecado com meu progresso.

Quando me exercito, tenho a tendência de olhar no espelho muito mais do que o necessário. Depois de 25 flexões, é como se meu tórax fosse o de um fisiculturista profissional, então vou ao espelho para confirmar minhas suspeitas (e fico profundamente decepcionado toda vez). Minha tendência de documentar meu crescimento faz com que eu fique preso ao desespero ou ao orgulho, dependendo do dia. Em tudo isso, descobri que as pessoas mais maduras não se deixam consumir por seus frutos, nem se afundam em seus fracassos.

A vida performativa

É exaustivo levar uma vida performativa. Jesus oferece um caminho melhor. Você não se cansa de estar sempre "ligado"?

Não é desgastante buscar a aprovação constante? Já teve a sensação de que Deus ficará desapontado se você não tiver tudo em ordem?

Jesus não nos conduz a uma espiritualidade escrupulosa na qual nos torturamos com cada decisão. Em vez disso, ele nos chama a examinar a base de onde nascem nossas boas ações. Por quê? Para que não caiamos na armadilha do moralismo ou da idolatria: do moralismo porque nossa bondade pode encobrir a graça de Deus; da idolatria porque, sem que percebamos, adoramos a aprovação dos outros no lugar da aprovação de Deus.

Quando praticamos nossas ações diante dos outros, abrimos mão das recompensas que receberemos do Pai. Em vez de receber a aprovação de Deus, nós nos contentamos com a admiração de pessoas. Sem dúvida, Jesus não está dizendo que todo reconhecimento e recompensa são incompatíveis com a vida no reino. Ele está esclarecendo que viver para isso é tolice. Os aplausos dos outros, as curtidas nas redes sociais — tudo isso desaparece rapidamente. Apenas a palavra de afirmação do Pai pode preencher nosso coração.

Como é essa ocultação na vida real? Uma vez que Jesus a incorporou perfeitamente, consideremos sua vida para termos orientação.

A vida oculta de Jesus

Deixe-se se surpreender por isto: Jesus passou trinta de seus 33 anos na terra (cerca de 90% de sua vida) em relativo anonimato. Como alguém que regularmente lidera e fala diante de muitas pessoas, para mim, isso é um grande desafio. Ron Rolheiser explicou como podemos seguir o exemplo de Jesus: "A vida comum pode ser suficiente para nós, mas apenas se, primeiro, passarmos pelo martírio do anonimato e participarmos da vida oculta de Cristo".[1]

Valorizar a ocultação não significa que devemos nos tornar monges, afastados do mundo. Em vez disso, a ocultação é a liberdade do louvor superficial do mundo.

Nos Evangelhos, Jesus está sempre cercado por admiradores de seus ensinamentos e milagres, mas se recusa a tirar proveito disso. Em termos atuais, ele não posta *selfies* (#LeprosoSejaCurado). Em uma ocasião, quando as pessoas ficam maravilhadas com seus milagres, eis como Jesus responde: "Por causa dos sinais que Jesus realizou em Jerusalém durante a festa da Páscoa, muitos creram nele. Jesus, porém, não confiava neles" (Jo 2.23-24).

Mesmo quando as pessoas querem transformá-lo em uma celebridade, Jesus se contém. Não se deixa seduzir pela fama. Mesmo em sua ressurreição, Jesus valoriza a ocultação. Se fosse eu, apareceria na casa daqueles que me crucificaram para matá-los de medo e demonstrar meu poder sobre todas as coisas. Jesus, no entanto, simplesmente encontra seus amigos e, em vez de irromper no mundo, pede que compartilhem as boas-novas.

Viver dessa forma é difícil, especialmente para aqueles de nós que usam redes sociais. Elas nos induzem a acreditar na mentira fundamental da serpente: "Vocês podem ser como Deus" (veja Gn 3.5). As redes sociais criam a ilusão de que podemos saber todas as coisas, estar em todos os lugares e usar nossas palavras para obter poder. É a mentira sedutora de que podemos ser oniscientes, onipresentes e onipotentes.

O que é impressionante sobre o reino de Deus é que, mesmo Deus *sendo* todo-poderoso, onisciente e onipresente, sua presença e atividade muitas vezes se concentram em lugares distantes das multidões:

Era o décimo quinto ano do reinado do imperador Tibério César. Pôncio Pilatos era governador da Judeia; Herodes Antipas governava a Galileia; seu irmão Filipe governava a Itureia e Traconites; e Lisânias governava Abilene. Anás e Caifás eram os sumos sacerdotes. Nesse ano, veio uma mensagem de Deus a João, filho de Zacarias, que vivia no deserto.

Lucas 3.1-2

Lucas lista todos os líderes políticos e religiosos no poder e, surpreendentemente, enfatiza como a Palavra de Deus se desviou deles e foi até João no deserto. Não vemos o *locus*, o lugar exato da presença e atividade de Deus nos corredores do grande poder. Os Evangelhos falam de um Deus que se manifesta em lugares surpreendentes. Seu maior campo de ação está oculto aos olhos dos que têm poder social. Seu alcance chega a tudo, mas o centro está oculto.

Uma das maiores lições de Jesus sobre a importância da ocultação é algo que ele diz sobre o Espírito Santo. É fácil deixá-lo passar se você não estiver atento, então vamos diminuir os passos e dar uma olhada.

Aprendendo com o Espírito Santo

Enquanto conclui seu tempo com os discípulos antes de ir para a cruz, Jesus profere esta frase comovente sobre o Espírito Santo: "Quando vier o Espírito da verdade, ele os conduzirá a toda a verdade. Não falará por si mesmo, mas lhes dirá o que ouviu e lhes anunciará o que ainda está para acontecer" (Jo 16.13). Eugene Peterson parafraseou as palavras de Jesus, dizendo que o Espírito "não chamará atenção para si" (*A Mensagem*). Por isso, algumas pessoas o chamam de "Espírito Oculto".

O Espírito Santo demonstra consideração por Jesus. Está inclinado a voltar os holofotes para outro em vez de se colocar no centro das atenções, alegrando-se em fazer com que o Filho esteja no centro. Jesus diz: "Ele me glorificará porque lhes contará tudo que receber de mim" (Jo 16.14).

Dentro da Trindade, as três pessoas não usam todos os meios para conseguir uma posição. Elas estão radicalmente voltadas umas para as outras. Veja como a interação delas está registrada nas Escrituras. O Pai afirma o Filho: "Este é meu Filho amado, que me dá grande alegria. Ouçam-no!" (Mt 17.5). O Filho está sempre apontando para o Pai. Jesus diz coisas do tipo: "O Pai é maior que todos. Eu faço apenas o que vejo meu Pai fazer". E o Espírito sempre aponta para o Filho.

Aqui está a ideia principal: Se o Espírito está seguro no amor da Trindade e se ele vive em você, ele quer fazer com que você se sinta seguro também. Ele quer fazer com que você se lembre de que é amado por Deus. Você é aceito por Deus. Contudo, fazer com que a vida gire em torno dessa verdade teológica exige práticas concretas contrárias ao instinto. Como é levar uma vida contrária à *performance*? Como sair da esteira da exibição?

Praticando a ocultação

Apresentarei algumas práticas.

Ocultação tem a ver com introspecção, não com introversão

Seria um erro correlacionar ocultação com um traço de personalidade. É possível ser introvertido e, ao mesmo tempo, querer ser visto pelos outros. A introversão não é uma virtude;

tampouco a extroversão. Esses traços de personalidade são preferências relacionais que nos ajudam a entender o que nos dá energia e o que nos tira a energia. Dependendo de nossa predisposição, podemos ver a introversão ou a extroversão como qualidades mais "espirituais", mas a semelhança com Cristo vai muito além de preferências de personalidade.

A ocultação nos chama à introspecção — o exame do que se passa lá no âmago de nossa vida. É assim que crescemos. À medida que prestamos atenção em nossas motivações, reações, ansiedades e compulsões, são-nos dadas janelas para nossa alma. Em algum momento, seremos tentados a viver para contar com o louvor e reconhecimento dos outros. Como palestrante público, tenho essa tentação regularmente. Sei que estou fora do compasso de Jesus quando conto com as pessoas para validarem que sou suficiente. Sem dúvida, você precisa de relacionamentos que incentivem e confirmem o bem que você faz, mas há uma linha que é ultrapassada — uma linha que só você pode identificar — em que, em vez de receber incentivo, você o persegue de forma que não é saudável.

Como comunicador público, há momentos em que quero ficar por ali depois de minha palestra para desfrutar de elogios, atenção ou reconhecimento. Em uma ocasião, depois de falar em um grande evento, senti aquela conhecida vontade de ficar por ali para ouvir os elogios das pessoas, mas tive de sair logo para pegar um voo. Enquanto dirigia para o aeroporto, senti-me desapontado por não ter conseguido ouvir todas as palavras de encorajamento e louvor que teriam sido dirigidas a mim se tivesse ficado. Após alguns minutos, percebi que Deus queria que eu praticasse a ocultação. Praticar a introspecção não elimina meu desejo de receber elogios, mas ajuda a mantê-lo sob controle.

A ocultação exige períodos de ausência

Além da introspecção, a ocultação é cultivada por meio de períodos de ausência. Nas histórias dos Evangelhos, Jesus muitas vezes se retira, especialmente após momentos ministeriais muito frutíferos. Os ritmos de ocultação são necessários para protegê-lo das multidões. Sermos atraídos pelos elogios da multidão expõe nossa alma a grandes perigos. Como disse Eugene Peterson, "Os líderes da igreja muitas vezes alertam contra drogas e sexo, mas, pelo menos nos Estados Unidos, quase nunca contra as multidões".[2]

Praticar a ocultação, portanto, requer períodos de descanso e jejum. No sábado, somos chamados a descansar de nosso trabalho. Para muitos, o trabalho que fazemos está ligado ao nosso senso de identidade. Interromper nosso trabalho — mesmo que por um dia — pode pôr em dúvida nossa identidade e suficiência. Observar o sábado é intencionalmente fazer com que um em cada sete dias gire em torno do descanso, não de realizações.

Em se tratando de jejum, tenho em mente, sobretudo, as redes sociais. Vivemos o tempo todo em nossos dispositivos eletrônicos, buscando informações e validação dos outros. Uma das maneiras pelas quais demonstramos que estamos livres de alguma coisa é estarmos dispostos a nos afastar dela. Em minhas experiências com o jejum das redes sociais, aprendi um princípio óbvio, mas importante: quanto menos posto, menos fico de olho. Por outro lado, quanto mais posto, mais fico de olho. Quando removo aplicativos de meu telefone por um dia, uma semana ou um mês (algo que tento fazer anualmente em algum momento), experimento em minha alma uma sensação de espaço para Deus e para os que estão mais próximos de mim. Se não nos retirarmos regularmente, acabaremos por definhar.

A ocultação é sustentada pela oração

Não é por acaso que no mesmo trecho do Sermão do Monte em que Jesus prescreve a ocultação, ele também nos ensine a orar. A ocultação, por mais difícil que seja, *não* significa que você está sozinho. Jesus diz: "Mas, quando orarem, cada um vá para seu quarto, feche a porta e ore a seu Pai, em segredo. Então seu Pai, que observa em segredo, os recompensará" (Mt 6.6).

Na oração, nosso foco está na comunhão com Deus, não em adular os outros. No silêncio, lançamos nossas raízes na companhia do Pai, do Filho e do Espírito Santo. Na contemplação, somos convidados a entrar no santuário do abraço de Deus. A oração afasta as exigências implacáveis de nosso lado sombrio — aquela parte de nós que busca legitimar nossa existência por meio de recompensas resultantes de elogios das pessoas.

Deus vê e recompensa

Ao nos entregarmos a Deus dessas três maneiras, Jesus anuncia a boa notícia de que seremos recompensados. Não sabemos qual será a recompensa — talvez tenha algo a ver com a afirmação amorosa do Pai —, mas tenha certeza de que Jesus o vê. O louvor dos outros é temporário e passageiro; a recompensa de Jesus é eterna.

O Pai vê o bem que você faz em segredo. Se você parar para refletir sobre toda a bondade que recebeu, perceberá que ela vem de um Deus que dá em segredo. Ele tem prazer em abençoá-lo. Ao optar por fazer o mesmo, você se torna um pouco mais parecido com Deus.

INTERLÚDIO
Oração e o caminho estreito

Tudo bem, antes de chegarmos aos ensinamentos de Jesus sobre sexo, dinheiro, preocupações, perdão e outros, façamos uma breve pausa para que você não comece a desanimar com a dificuldade desses mandamentos. Nada no Sermão do Monte — nada neste livro — está pedindo para você se esforçar mais, reunir força de vontade ou levar uma vida perfeita. Você não consegue fazer isso. Eu não consigo. E agora?

Lá no meio do Sermão do Monte está o segredo para trilhar o caminho estreito de Jesus: a oração.

A oração é tanto o ponto de acesso quanto a força essencial que nos ajuda a seguir Jesus. Viver como ele é algo que exige que oremos como ele. Em outras palavras, seguir Jesus não é apenas uma questão de habilidade e resolução; é algo que se faz possível por meio de uma vida de comunhão com Deus em oração.

Seguir Jesus e o caminho de seu reino exige imitação. Viver como ele pressupõe comunhão com ele — uma comunhão que resulta de uma atitude para com a oração que envolve o coração, cativa a mente e direciona a vontade.

Os primeiros discípulos de Jesus entenderam isso.

Em uma história no Evangelho de Lucas, os discípulos pedem a Jesus que os ensine a orar (veja Lc 11.1). Esse foi um pedido estranho, porque, como jovens judeus, eles certamente cresceram com o hábito de orar. Um menino judeu comum podia recitar livros inteiros do Antigo Testamento de cor. Ao longo da vida, os discípulos haviam feito muitas orações. Conheciam as palavras certas e tinham a cadência correta, mas, ao observarem a vida de Jesus, perceberam que não estavam fazendo isso da maneira correta. Faltava algo.

Eles têm as palavras, mas não o fogo.

Têm as Escrituras memorizadas, mas não interiorizadas.

Sabem coisas sobre o Deus que adoram, mas Jesus parece *realmente conhecer* o Deus dos antepassados deles.

Observam a alegria, a paz, o poder e o amor de Jesus, concluindo que ele vive dessa maneira — em parte — por causa de seus hábitos de oração. Então, pedem a ele que os ensine.

Acho intrigante que o único pedido registrado dos discípulos esteja relacionado à oração. Eles nunca dizem: "Jesus, ensina-nos a pregar" ou "Ensina-nos a expulsar demônios". Surpreendentemente, nunca lhe perguntam como transformar água em vinho ou multiplicar o pão. (Eu, com certeza, estaria inscrito nessa aula magistral do Messias.) Em vez disso, observam que a fonte de vida dele é a comunhão com Deus.

Jesus ouve o pedido deles e os ensina a orar. Quero salientar três lições importantes na oração de Jesus que nos ajudarão na jornada que temos pela frente.

Primeiro, seguir Jesus requer o fortalecimento de Deus. Isso requer dependência, não autossuficiência. É tanto uma dádiva (sabemos que não podemos fazê-lo sozinhos) quanto um desafio (queremos fazê-lo). O que é surpreendente na vida cristã é que quanto mais nos rendemos a Deus em oração, mais Deus nos capacita a viver como Jesus. A igreja nasceu por meio da presença do Espírito Santo. Os cristãos nascem de novo por meio da obra do Espírito Santo. A formação cristã só se faz possível por meio do contínuo fortalecimento do Espírito. Tornar-se como Jesus sempre exigirá que estejamos com Deus.

Segundo, a oração não é uma lista que levamos a Deus, mas uma prática que forma em nós seu amor. É comum ver a oração como uma estratégia para fazer com que Deus nos conceda o que desejamos. Criar listas de pedidos normalmente é a principal estratégia que as pessoas adotam. E sim, há um tempo para isso. Levar nossos pedidos a Deus em oração é uma bela expressão de humildade, mas quando essa é a *única* razão pela qual oramos, nosso relacionamento com ele se torna algo baseado em transações. A oração tem mais a ver com estar *com* Deus do que com obter algo *dele* — embora ele tenha prazer em abençoar seus filhos com boas dádivas. Contudo, a oração tem a ver com comunhão, tendo o propósito de estabelecer comunhão com os outros. Em suma, oração tem a ver com amor.

Por fim, a oração tem a ver com simplicidade de coração e de palavras. Boa notícia: você não precisa ser teólogo nem usar termos arcaicos para orar! Na verdade, quando Jesus ensina seus discípulos a orar, trata-se de uma oração tão simples que crianças são capazes de memorizá-la. A comunhão com Deus vem por meio de palavras simples, não de monólogos elaborados. À medida que focamos nele a mente e o coração em humilde dependência, recebemos os recursos necessários para trilhar o caminho estreito.

Se nos esquecermos de dedicar nossa vida à oração, a ideia de seguir os ensinamentos de Jesus nos deixará sobrecarregados e desanimados. Por quê? Porque seus ensinamentos não são deste mundo. E ensinamentos que não são deste mundo requerem um poder sobrenatural. Esse poder está à nossa disposição todos os dias.

Então, dito tudo isso, continuemos esta jornada juntos.

PARTE 2

percorrendo o caminho estreito

4
Nosso testemunho

Deus vê mais em nós do que vemos em nós mesmos. Boa notícia, concorda? Quando folheamos as páginas das Escrituras Sagradas, encontramos repetidamente personagens imperfeitos que parecem não oferecer muito — até que encontram Deus e, com a ajuda dele, desenvolvem dons e chamados que jamais teriam imaginado. Tive a sorte de experimentar isso por experiência própria.

Uma das razões pelas quais encontrei coragem para pregar aos dezenove anos de idade foi que Deus falou comigo por meio de um grupo de pregadores que viram algo em mim antes que eu mesmo pudesse vê-lo. Após um tempo vagando sem rumo e sofrendo de ansiedade, entreguei minha vida a Jesus. Fui tomado por sua graça e senti um desejo inabalável de proclamar o evangelho aos outros. Contudo, trazia comigo perguntas que me faziam hesitar: *Sou jovem demais para pregar? Preciso de um diploma primeiro? Devo esperar até receber um cargo ministerial? Deus quer que eu resolva todas as minhas lutas antes de preparar um sermão?* As perguntas continuavam. Mas, em um curto espaço de tempo, foram respondidas.

A pequena igreja que eu frequentava no Brooklyn realizava encontros de adoração para adolescentes. Às vezes, íamos aos cultos de jovens em outras igrejas. Nessas reuniões — para minha grande surpresa —, pregadores que eu nunca havia visto confirmavam meu chamado ao ministério pastoral.

Na tradição da igreja da qual eu fazia parte (pentecostal latina), geralmente era dado espaço para que o pregador convidado chamasse as pessoas à frente e proferisse uma palavra de bênção ou fortalecimento — um ato profético. Isso era tudo muito novo e estranho para mim.

O pregador disse:

— Jovem de camisa azul, por favor, fique em pé.

Olhei para minha camisa azul e depois à minha volta para ter certeza de que ele não estava se dirigindo a outra pessoa.

— Eu? — murmurei apertando com força o dedo indicador no peito.

— Sim, você. Por favor, fique em pé.

Diante de quarenta ou cinquenta pessoas, o pregador então disse:

— Jovem, Deus colocou em seu coração o desejo de pregar. Preste atenção na voz dele que está despertando em seu coração. Você está sendo chamado a proclamar o evangelho.

Sentei-me, e o pregador dirigiu-se ao próximo adolescente. Essa cena se repetiu cinco vezes ao longo dos seis meses seguintes. Pregadores diferentes em igrejas diferentes disseram, em essência, a mesma coisa: eu era chamado a pregar.

Há muito a ser explorado nessa série de eventos, mas o que mais me impressiona é que fazia pouco tempo que eu era um seguidor de Jesus, e, ainda assim, Deus confirmou algo que já estava em meu íntimo. Nesta próxima seção do Sermão do Monte, é exatamente isso que Jesus faz. Ele confirma nosso chamado como seus seguidores:

> Vocês são o sal da terra. Mas, se o sal perder o sabor, para que servirá? É possível torná-lo salgado outra vez? Será jogado fora e pisado pelos que passam, pois já não serve para nada.

Vocês são a luz do mundo. É impossível esconder uma cidade construída no alto de um monte. Não faz sentido acender uma lâmpada e depois colocá-la sob um cesto. Pelo contrário, ela é colocada num pedestal, de onde ilumina todos que estão na casa. Da mesma forma, suas boas obras devem brilhar, para que todos as vejam e louvem seu Pai, que está no céu.

Mateus 5.13-16

Jesus confirma seus discípulos. Reconhece o potencial deles. Convoca a força que eles têm. Revela o grande propósito deles. Chama-os de sal e luz.

O termo "vocês" é importante

É importante notar que, ao usar as palavras *vocês são*, Jesus está falando sobre a comunidade. Naturalmente, somos chamados a ser sal e luz em nossas expressões individuais de vida, mas, sobretudo, ele tem a igreja em mente.

Em nossa vida em comum como igreja, temos uma identidade coletiva. Isso é importante porque, do início ao fim da Bíblia, vemos que Deus não está interessado apenas em resgatar indivíduos; ao contrário, ele está formando uma nova comunidade. Uma nova família. Uma nova humanidade. O evangelho não é apenas boa notícia para nossa vida pessoal; é o poder de Deus para estabelecer uma nova forma de pertencermos uns aos outros.

Aqui está a surpresa: Seus discípulos acabaram de chegar. Eles estão no início da jornada, mas ele não diz: "*Vocês serão* sal e luz quando eu tiver concluído minha obra em vocês". Ele não diz: "*Vocês têm* sal e luz". Ele não diz: "*Vocês devem* ser sal e luz".

Ele diz: "Vocês são sal e luz".

Jesus evoca o que há de melhor em seus discípulos antes de eles terem demonstrado algo. E ele faz o mesmo por você. Você tem muito mais a oferecer do que imagina, pois foi criado à imagem de Deus, dotado de dons e propósito pelo Criador.

É fácil fixar-nos em nossas lacunas e falhas, mas Jesus olha para seus seguidores e, em essência, diz: "Vocês têm mais a oferecer do que pensam, porque são muito mais do que podem imaginar". Jesus direciona sua afirmação a discípulos que são comuns, pouco impressionantes e ignorados. Seus discípulos são a versão religiosa do filme *Sujou... chegaram os Bears*. Eles não têm tudo sob controle.

Em *Histórias cruzadas*, um filme sobre duas empregadas negras durante o movimento pelos direitos civis, há uma cena memorável em que a personagem principal, Aibileen (uma empregada e babá negra), diz à criança de quem cuida todos os dias: "Você é boa. Você é inteligente. Você é importante".[1] Ao longo do filme, a mãe ignora e menospreza a criança, mas, todos os dias, a criança ouve essas palavras que moldam sua vida: "Você é boa. Você é inteligente. Você é importante".

No início do Sermão do Monte, Jesus reforça a identidade de seus seguidores. Para esse pequeno grupo de seguidores que vivem à sombra do poderoso Império Romano, Jesus faz com que se lembrem do grande propósito que eles têm no mundo.

Ele olha nos olhos deles — e nos nossos também — e diz: "Você é sal. Você é luz. Você é importante". O que Jesus quer dizer com isso?

Sal da terra

Nos dias de Jesus, o sal era uma mercadoria muito valiosa. No Império Romano ao redor, desempenhava um papel significativo no comércio. Em seu livro *Sal: Uma história do mundo*, o jornalista Mark Kurlansky observou:

> O exército romano precisava de sal para os soldados e para os cavalos e gado. Às vezes, os soldados eram até pagos com sal, o que deu origem à palavra *salário* e à expressão idiomática "vale o seu sal". Na verdade, a palavra latina *sal* se tornou a palavra francesa *solde*, que significa pagamento, e é a origem da palavra soldado.[2]

Jesus usa essa importante metáfora para ressaltar, pelo menos, duas implicações. Primeiro, o sal *tempera*. Realça os sabores dos alimentos, tornando-os mais aprazíveis. Como um porto-riquenho com muitos anos de experiência em comer comida devidamente temperada, quando a quantidade certa de sal é adicionada, ela realça o melhor da refeição.

Quando Jesus diz aos seus seguidores que eles são "salgados", ele está dizendo que nossa própria presença deve realçar o melhor dos outros. A alegria, a paz, a bondade, a coragem, a compaixão e a justiça em nossa vida têm por objetivo promover a bondade em toda a terra. Infelizmente, esse nem sempre é o papel que os cristãos desempenham. Em vez de adicionar sabor aos outros, temperamos de menos (nos distanciamos do mundo) ou temperamos de mais (tentamos dominar o mundo). Sal de menos e sal de mais estragam um prato; o mesmo se aplica ao nosso relacionamento com o mundo.

Segundo, o sal *preserva*. Acho que Jesus também tem isso em mente. Muito antes de termos geladeiras e frigoríficos, o sal era o principal meio utilizado para impedir que os alimentos se estragassem ou tivessem o sabor alterado. Esta é a missão que Jesus nos dá, como seus discípulos. Trabalhamos pela preservação do mundo. Onde quer que haja deterioração, Jesus nos chama a ser uma presença que preserva. Devemos combater a deterioração de um mundo destruído com o sal de nossa presença. Seja a deterioração o racismo, a pobreza, as fofocas, os problemas nos relacionamentos ou outra coisa, Jesus nos chama a preservar o bem que existe.

Jesus vê tanto potencial nos discípulos — em nós — que usa outra metáfora para descrever nosso testemunho no mundo. Ele nos chama a ser "luz do mundo" (Mt 5.14).

Luz do mundo

Mais uma vez, Jesus não conta com o futuro de seus discípulos e lhes diz o que eles poderiam ser. Ele anuncia as boas-novas desde o início. Eles já são luz. Jesus quer que vejamos a nós mesmos da maneira que ele nos vê.

Alguns anos atrás, quando eu estava começando minha jornada como pregador, fui convidado para ministrar em uma igreja pequena e com poucos recursos no Bronx. Depois de entregar minha mensagem, encontrei-me com o pastor da igreja em seu gabinete. Ele me agradeceu pelo sermão e, em seguida, disse: "Essas pessoas não são os lápis de cor mais vivos da caixa". Fiquei surpreso ao ouvi-lo falar de sua comunidade dessa forma. Para ele, as pessoas sob sua tutela eram opacas, apesar de terem como descrição do trabalho serem luminares do reino — um título pronunciado pelo próprio Jesus. Essa dissonância entre as palavras de Jesus e as do pastor me deixou incomodado.

A metáfora da luz é um tema proeminente no Antigo Testamento, particularmente nos livros proféticos. Isaías disse: "Eu o farei luz para os gentios, e você levará minha salvação aos confins da terra" (Is 49.6).

Jesus olha nos olhos de sua comunidade desajustada e diz: "Vocês são essa luz".

Sem dúvida, Jesus é *a* luz. Em João 8.12, ele diz: "Eu sou a luz do mundo". Mas, de maneira notável, ele dá o mesmo título aos seus discípulos. Da mesma forma que a lua reflete a luz do sol, Jesus é *a* luz, convidando seus seguidores a refletirem seu brilho em um mundo escuro. Nossa luz pode não brilhar tanto, mas ele sabe que um pouco de luz faz uma grande diferença. Como o sal, a luz tem muitos propósitos. Um de seus principais propósitos é dissipar as trevas.

A luz nos ajuda a ver. Torna as coisas visíveis e revela o que de outra forma permaneceria oculto. A luz ajuda as pessoas a encontrarem o caminho, especialmente para Deus. Que chamado sagrado!

Infelizmente, a luz também pode ser usada para cegar, não para guiar. Quando eram pequenos, meus filhos pegavam uma lanterna e faziam com as mãos silhuetas de animais na parede. Depois de um tempo, quando a brincadeira perdia a graça, eles começavam a direcionar a lanterna para os olhos uns dos outros. Percebi muito rapidamente que a luz pode ser usada de maneiras prejudiciais.

Às vezes, é mais fácil para os cristãos lançar luz sobre o comportamento ruim — realçar os defeitos dos outros — do que lançar luz sobre nosso bom Pai. Muitas pessoas acreditam que o evangelho exige que coloquemos os holofotes no que há de errado nos outros. Lançar luz é muitas vezes uma maneira de envergonhar e condenar. No entanto, não é isso que Jesus quer dizer quando chama seus seguidores de *luz*.

Advertências

Até este ponto na história, tudo está correndo bem. Jesus ressalta o melhor de seus discípulos novatos. Afirma quem eles são, mas, para cada uma dessas afirmações, oferece uma advertência sobre a tentação de negligenciar o chamado.

Ele diz: "Mas, se o sal perder o sabor, para que servirá? É possível torná-lo salgado outra vez? Será jogado fora e pisado pelos que passam, pois já não serve para nada" (Mt 5.13). Em outras palavras, não perca sua característica distintiva.

O maior perigo para os cristãos em cada geração é não poder se distinguir do mundo. Nossos valores refletirão a sabedoria convencional da sociedade ou irão confundi-la? Fingiremos concordar com tudo ou demonstraremos amor àqueles que veem o mundo de maneira diferente da nossa? Definiremos sucesso com base no patrimônio líquido ou na fidelidade a Jesus, não importa o que os números digam?

Jesus também adverte seus seguidores:

> É impossível esconder uma cidade construída no alto de um monte. Não faz sentido acender uma lâmpada e depois colocá-la sob um cesto. Pelo contrário, ela é colocada num pedestal, de onde ilumina todos que estão na casa. Da mesma forma, suas boas obras devem brilhar, para que todos as vejam e louvem seu Pai, que está no céu.
>
> Mateus 5.14-16

Ele apresenta um cenário intencionalmente inconcebível (acender uma lâmpada e colocá-la sob um cesto), mas isso enfatiza a tentação diária de reter e esconder a luz. Consideremos duas das maneiras pelas quais os cristãos se posicionam de forma inadequada em relação ao mundo.

Separados do mundo

Jesus espera que estejamos próximos dos lugares de escuridão. É lá que somos chamados a brilhar nossa luz. É possível possuir a luz de Jesus enquanto permanecemos separados e desconectados da escuridão, mas que proveito há nisso? Em essência, vivemos *separados* do mundo, em vez de vivermos *para* o mundo.

Por trás de nosso distanciamento geralmente está o medo. Não queremos ser contaminados pelo mundo. Em algumas tradições eclesiásticas que enfatizam a santidade pessoal, estar perto de pessoas que não compartilham valores semelhantes é visto como uma ameaça. Ironicamente, muitas dessas tradições também têm o encargo de levar outros à fé em Cristo. Essa dicotomia frustrante afasta as próprias pessoas que Jesus nos chama a convidar. Não cristãos se tornam projetos em vez de amigos. Veja Jesus, o *amigo* de pecadores.

Durante seu ministério terreno, Jesus sempre se aproxima das pessoas das quais os líderes religiosos se afastam: aqueles com doenças ou má reputação, trapaceiros, endemoniados e todo tipo de pecadores. Na verdade, essa é a própria natureza da Encarnação: mover-se em direção a nós, com amor. Deus se muda para a vizinhança a fim de habitar entre nós e dissipar a escuridão que nos envolve. Nossa descrição de cargo — como luz em um mundo escuro — é fazer o mesmo.

Contra o mundo

Outra maneira de comprometermos nossa condição de sal e luz é vivermos contra o mundo. Se viver separado é algo cujas raízes estão no medo da contaminação, ser contra o mundo tem raízes no medo da condenação. Em meu primeiro livro, *A vida profundamente formada*, tratei dessa postura prejudicial:

As pessoas muitas vezes nos conhecem por aquilo contra o qual alegamos ser, não por aquilo do que somos a favor. Um simples teste confirmará isso. Mencione qualquer questão que causa dissensão em nosso mundo — política, sexualidade, raça, imigração e assim por diante —, e o que você verá são cristãos claramente afirmando aquilo contra o qual alegam ser. Contudo, qualquer conversa sobre a natureza de Deus deve começar com o fato de que ele é *a favor de* todos.[3]

Denunciar aquilo que acreditamos ser contra a vontade de Deus é fácil e espiritualmente indolente. Embora necessário, apontar o que está errado não é a totalidade de ser sal e luz. Ser contra algo é ótimo para construir uma imagem. É uma estratégia política eficaz. Mas é uma péssima forma de dar testemunho de Jesus. Somos chamados a levar o *shalom* de Deus a este mundo — unir nossa vida a ele para servir aos outros, oferecendo-lhes algo da vida de Deus.

Em sua oração sacerdotal em João 17.15, Jesus diz: "Não peço que os tires do mundo, mas que os protejas do maligno". O caminho estreito de Jesus não tem espaço para uma vida orientada àquilo contra o qual alegamos ser. Não há nada revigorante nesse estado de ser. Jesus nos chama à presença e à distinção.

Estar no mundo, mas não ser do mundo, requer uma fé profundamente presente no mundo, mas radicalmente diferente dele.

Retomando nossa missão

Para mim, é difícil escrever um capítulo sobre ser sal e luz sem dedicar um momento para salientar as maneiras pelas quais a igreja não tem cumprido esse santo chamado. Os seguidores de Cristo nem sempre projetam luz. Em vez de mostrarmos a vida boa — definida por amor, compaixão, reconciliação e paz —, simplesmente imitamos o mundo. É fácil se contentar em ser uma pessoa que lança sombras em vez de brilhar intensamente para o reino de Deus.

O autor e educador quacre, Parker Palmer, capturou bem essa ideia em seu livro *Let Your Life Speak* [Deixe sua vida falar]: "Líder é alguém com o poder de projetar sombra ou luz sobre alguma parte do mundo e sobre a vida das pessoas que nele habitam. Ele molda o *éthos* no qual os outros devem viver, um *éthos* tão cheio de luz quanto o céu ou tão sombrio quanto o inferno".[4]

Palmer tinha os líderes em mente por causa do enorme poder que carregam, mas o mesmo princípio se aplica em nossa vida diária. Projetamos sombra ou luz. É claro que temos momentos bons e ruins — todos somos imperfeitos. Mas, se observarmos a tendência geral de nossa vida como cristãos, qual delas projetamos?

Glorificando o Pai

Jesus nos chama a praticar atos concretos e visíveis de bondade. Chama-nos a deixar nossa luz brilhar diante dos outros, de uma maneira que glorifique a Deus. Os seguidores de Cristo têm um objetivo principal: manifestar o caráter de Deus. A ideia de manifestar o caráter do Criador do universo pode parecer massacrante e inatingível, mas Jesus acredita que isso possa ser feito por meio de você.

Quero que pense nas pessoas que você evita. Nos grupos contra os quais você se manifesta. Nos indivíduos que você rejeita. Sim, há momentos para estabelecer limites e outros para se posicionar contra o mal. Mas sua postura automática é ser *contra* algo? Ao acordar de manhã, você opta por lançar uma sombra ou acender uma vela. E, desde o início do sermão de Jesus, ele está nos chamando a refletir o caráter de Deus. Por quê? Porque o mundo anseia por contemplar Deus. A humanidade foi criada para viver na luz de Deus. Embora o pecado deixe o mundo escuro, há vestígios de luz que apontam as pessoas para a Verdadeira Luz. Brilhamos nossa luz não para nós mesmos, mas para glorificar a Deus. Ao fazer isso, nós nos encontraremos no caminho estreito, mas gratificante, de seu reino.

5
Nossa ira

Em minha adolescência no Brooklyn, na década de 1990, a ira era essencial para a sobrevivência. Eu me sentia obrigado a manter uma postura firme no bairro, caso alguém quisesse se aproveitar de mim. Era um jeito de viver muito difícil. Por fim, esse fardo se tornou uma espécie de identidade. Muitos jovens do Brooklyn se orgulhavam de sentir ira. Era o máximo nutrir esse sentimento. Se você andasse com o estilo típico do Brooklyn, conhecido como *Brooklyn bop* (imagine um mancar cheio de estilo), e uma carranca, isso era prova de que você poderia se defender em caso de uma briga física repentina. Mas esse *bop* e carranca me deixaram em apuros certa vez.

Durante um dezembro frio em meados da década de 1990, lá vinha eu pela rua com meu gingado. O gorro de lã quase cobria meus olhos. (Naquela época, usar o gorro assim era outro sinal de dureza, pelo menos em meu bairro.) Olhei para o outro lado da rua, com a impressão de ter visto um amigo. (Não me dei conta no momento de que precisava de óculos.) Fiquei olhando naquela direção por cinco segundos seguidos, "mancando" e olhando com os olhos meio fechados, quando percebi que aquele não era um amigo. Encarar alguém por cinco segundos com um gorro quase cobrindo os olhos e um "mancar" exagerado é uma eternidade. O rapaz para quem eu olhava interpretou meu olhar como uma ameaça e começou a correr em minha direção. Ele se pôs em meu caminho e perguntou se eu estava a fim de uma briga (essas não foram exatamente as palavras dele). Acalmei-o, dizendo que não tinha sido minha intenção causar nenhum mal ao olhar em sua direção. Ele voltou para casa, e eu continuei a "mancar", aliviado por ter evitado aquela briga. Naquele momento, a ira que predominava em meu bairro era palpável.

Quando me tornei cristão alguns anos depois desse episódio, fui apresentado a uma compreensão diferente da ira. Disseram-me que a ira não fica bem para os seguidores de Jesus e deve ser substituída por outras práticas cristãs (como a negação, sabe). Em vez de ver a ira como um meio de sobrevivência — ideia com a qual eu havia crescido —, ela se tornou algo a ser reprimido. A ira era um sinal de que eu estava em minha "natureza humana pecaminosa" (Rm 8.3). Aparentemente, pessoas iradas não podem ter um bom relacionamento com Deus. Aprendi a controlar minha ira e a chamá-la de "frustração".

Durante anos, minha esposa, Rosie, me perguntava: "Você está irado?". Eu respondia: "Não, só estou frustrado". Ela revirava os olhos, sabendo o que eu realmente estava sentindo, embora eu estivesse com muita vergonha de admitir. Aprendi a negar minha ira e a chamá-la de disciplina. Eu a ignorava em nome da respeitabilidade. Em nome de Jesus. Não deixava espaço para ela e mentia para os outros sobre meus verdadeiros sentimentos.

A ira é complicada porque muitas de nossas famílias, culturas e comunidades religiosas não dão nenhum espaço para ela. Como sua família lidava com a ira? Como as igrejas às quais você pertenceu expressavam a ira? Até que ponto sua cultura étnica dá espaço para a ira? Para muitos de nós, ela é sufocada em nossa vida. Quando isso acontece, somos forçados a levar uma vida que não parece pertencer à condição humana, levando-nos a enganar a nós mesmos e a esconder nossas emoções. Essa foi a minha história.

A questão sobre a ira não é saber se a sentimos ou não. A questão é: Até que ponto ela influencia nossa vida?

Durante anos, deixei de perceber a *dádiva* da ira. Pode parecer estranho, mas é verdade. A ira é uma dádiva — uma forma de responder de forma adequada às incongruências e injustiças da vida. A ira é uma maneira de liberar a válvula de nossa alma quando a vida nos surpreende e nos machuca. A ira, no sentido mais saudável, identifica o que precisa ser corrigido. Normalmente, é uma emoção secundária — um sintoma — de uma angústia mais profunda. Em tudo isso, a ira nem sempre é a inimiga. Na vida de Jesus, a ira aparece em algumas ocasiões. Surpreendentemente, a primeira vez é no templo. Deixe-me levá-lo a esse momento.

Um dia, Jesus aparece no templo. Sabendo que é um lugar para adoração e comunhão, ele fica enfurecido ao ver os líderes religiosos explorando os pobres. Ele não tolera isso. Faz um chicote de cordas, vira as mesas e expulsa os líderes.

Aqui está outro exemplo, que é a única vez em que a palavra *ira* está diretamente ligada a Jesus:

> Em outra ocasião, Jesus entrou na sinagoga e notou que havia ali um homem com uma das mãos deformada. Os inimigos de Jesus o observavam atentamente. Se ele curasse a mão do homem, planejavam acusá-lo, pois era sábado. Jesus disse ao homem com a mão deformada: "Venha e fique diante de todos".
>
> Em seguida, voltou-se para seus críticos e perguntou: "O que a lei permite fazer no sábado? O bem ou o mal? Salvar uma vida ou destruí-la?". Eles ficaram em silêncio.

> *Jesus olhou para os que estavam ao seu redor, irado e muito triste pelo coração endurecido deles. Então disse ao homem: "Estenda a mão". O homem estendeu a mão, e ela foi restaurada.*
>
> Marcos 3.1-5

Em ambas as ocasiões, no templo e na sinagoga, a ira de Jesus vem à tona porque os pobres e excluídos estão sendo maltratados. Curiosamente, ele nunca responde dessa forma quando outros *o* maltratam. É sempre em defesa dos outros.

A ira pode, às vezes, ser uma dádiva redentora quando é alimentada por um desejo de lutar por justiça. Nas palavras da teóloga Barbara Holmes, "A teologia da ira nos convida a despertar das influências hipnóticas da opressão implacável para que indivíduos e comunidades possam se livrar das algemas da negação, da resignação e do niilismo".[1]

No entanto, muitas vezes, a ira destrói, não redime, como mostra claramente Jesus:

> Vocês ouviram o que foi dito a seus antepassados: "Não mate. Se cometer homicídio, estará sujeito a julgamento". Eu, porém, lhes digo que basta irar-se contra alguém para estar sujeito a julgamento. Quem xingar alguém de estúpido, corre o risco de ser levado ao tribunal. Quem chamar alguém de louco, corre o risco de ir para o inferno de fogo.
>
> Mateus 5.21-22

Como observei em um capítulo anterior, antes de Jesus falar sobre a ira, ele enfatiza a justiça superficial dos fariseus e como a justiça praticada por *seus* discípulos deve ser mais profunda que a dos fariseus. Alguns dos fariseus tinham boas intenções, mas o espírito coletivo desse grupo era o de estabelecer limites e sentir orgulho espiritual. Eles criaram muitas maneiras de determinar quem tinha um bom relacionamento com Deus e quem não tinha com base no comportamento externo. Jesus, efetivamente, diz: "No meu reino, não lidamos apenas com o exterior; consideramos o coração". Lembre-se da bem-aventurança: "Felizes os que têm *coração* puro, pois verão a Deus". No caminho estreito, a verdadeira fidelidade é fruto da transformação interior. Isso é especialmente verdadeiro no que diz respeito à ira.

Pode-se afirmar que o grande pecado de bons religiosos é a ira. Pense no filho mais velho na parábola do filho pródigo, que obedece ao pai durante toda a vida, mas fica ressentido quando o irmão mais novo recebe graça. Para o legalista, a graça é escandalosa, não generosa.

Os líderes religiosos da época se julgavam espiritualmente saudáveis porque não matavam fisicamente ninguém. Mas não é bem assim! Jesus eleva o padrão. Segundo ele, se você se irar contra seu irmão ou irmã, está sujeito a julgamento.

A ira que Jesus menciona é muito específica. Em grego, é *orgizomenos*. O estudioso bíblico Dale Bruner observou que essa é uma palavra no tempo presente cuja melhor tradução pode ser "está carregando ira", "está permanecendo irado" ou "está alimentando um rancor".[2] Jesus não está criticando um momento isolado de ira. Ele não diz: "Quem se irar". Em vez disso, ele nos adverte sobre carregar a ira, alimentá-la, permanecer nela. O filósofo norte-americano Dallas Willard descreveu de maneira prestimosa uma vida que se mantém em perpétua amargura: "A energia dedica-se a manter viva a ira: nós sempre nos lembramos de como fomos tratados injustamente".[3]

Quando a ira se torna o modo padrão de nossa vida, mais cedo ou mais tarde nós nos curvamos sob seu peso. Já aconteceu de você estar no supermercado e parecer que todo mundo do planeta teve a mesma ideia? Você não consegue encontrar um carrinho de compras, então se contenta com uma daquelas cestas de mão. Pouco a pouco, a cesta vai ficando cheia. À medida que você anda de um corredor para outro, o peso dos itens — quase imperceptivelmente — faz com que você tenha a sensação de ter um dos braços puxado para baixo. Logo, a cesta parece pesada demais para carregar. Em se tratando de ira e ressentimento — também conhecido como *orgizomenos* —, muitos de nós somos como essa cesta: frustrados, acumulando raiva, ficando pouco a pouco prostrados. Bruner comentou com precisão: "Tolo é quem não pode *se irar*; mas sábio é quem não *permanece* assim".[4]

Como saber se você está nutrindo uma ira que lhe é prejudicial? Jesus dá dois exemplos, sendo o primeiro a palavra *raca*.

Raca, o termo traduzido por "estúpido" em Mateus 5.22, não é uma palavra que usamos hoje em dia, mas há muitas palavras semelhantes que saem de nossos lábios. *Raca* pode ser traduzida como "tolo", "idiota" ou "imbecil" (palavras que ouço com frequência na Queens Boulevard enquanto estou dirigindo). O que torna uma palavra problemática — e até perigosa — é o espírito de desprezo que a inspira. *Raca* é uma palavra que desumaniza. É uma palavra de condenação. É uma palavra destinada a causar grande dano, mesmo quando murmurada casualmente em nosso trajeto de terça-feira de casa para o trabalho e vice-versa. Para entendermos a gravidade da palavra, é como usar a palavra *macaco(a)* para se referir a um homem ou mulher negra — um termo que ouvi pela primeira vez quando estava com meus vinte e poucos anos.

Eis o que aconteceu. Eu estava viajando com alguns jovens de minha igreja. Íamos passar alguns dias liderando a adoração e pregando em uma abastada escola cristã. Naquela semana, fiquei com uma família amável que tinha dois filhos adolescentes. Certa manhã, um dos filhos me levou para a escola. Um amigo dele se sentou na frente enquanto me sentei no banco de trás. Quando chegamos a um semáforo vermelho, havia um homem negro, que parecia ser um sem-teto, andando pela rua. O amigo no banco da frente abaixou a janela e, com a voz mais desumana, gritou: "Suma deste bairro, seu *macaco*!", usando a palavra que é facilmente considerada uma das mais desprezíveis que alguém poderia pronunciar. Fiquei atordoado no banco de trás e, para minha vergonha, não confrontei aquele adolescente naquela mesma hora. Fui pego de surpresa, sem nunca ter ouvido aquela palavra, que dirá a forma tão ofensiva com que foi proferida. Isso é *raca*. Se você ainda não percebeu, vivemos em um mundo *raca*.

Em nossa sociedade, a ira é estimulada e recompensada. Somos moldados para ver os outros como os problemas fundamentais da sociedade, justificando nossa ira contra eles.

De esquerda? *Raca*.
De direita? *Raca*.
Imigrante? *Raca*.
Homossexual? *Raca*.
Pessoa pró-vida? *Raca*.
Ateu? *Raca*.
Batista? *Raca*.

E a lista não para. Eis o que Jesus diz: Carregar e alimentar o tipo de ira que leva a *raca* é como cometer um homicídio aos olhos de Deus. Você não precisa derramar sangue para tirar a vida. Proferir uma palavra venenosa e cruel faz com que estejamos sujeitos a julgamento e ao poder do inferno. Se você já sentiu esse nível de ódio em relação a alguém, embora possa parecer justificado no momento, você está, na verdade, vivendo em uma espécie de inferno. A ira nos consome. A ira nos destrói. Ainda assim, não percebemos o dano causado à nossa vida. É difícil não pensar que Jesus esteja exagerando um pouco. De fato, é fácil nos enganarmos a ponto de pensar que a ira é um dos frutos do Espírito. Cuidado para não cair a ira tóxica com palavras engenhosas como "indignação justa", "defender a verdade" ou "falar como as coisas realmente são". Se Jesus diz que ela é destrutiva, devemos fazer todo o possível para nos livrar dela.

Ira cultural e interior

Quando leio as palavras de Jesus em Mateus 5, fico me perguntando: *Como alguém é capaz de se encher de uma ira que lhe faz mal? É só um defeito de personalidade? Um mau hábito? Algo biológico ou neurológico?* As explosões de raiva que vemos em atos de violência doméstica, no trânsito, no trato com os filhos, no ódio de si mesmo ou no desprezo levado em banho-maria não surgem do nada. Vejo duas fontes: nossa cultura e nosso interior. Examinemos brevemente as duas.

Ira cultural

Um estudo realizado em 2021 ressaltou uma verdade sobre as redes sociais que muitas pessoas já observaram: Quando tuítes e postagens são alimentados por indignação moral, eles recebem mais "curtidas" e "compartilhamentos".[5] Essa amplificação — que recompensa a ira na forma de dopamina e novos seguidores — cria um círculo vicioso. A indignação torna-se uma forma de construir uma marca ou identidade social. Em alguns casos, há a monetização também. Em nossa tentativa de identificar os problemas do mundo que existe fora de nós mesmos, indivíduos ou grupos inteiros de pessoas se tornam alvos de nossa raiva. Nós nos colocamos acima de qualquer crítica, apontando as falhas dos outros. Poucas coisas alimentam a ira como a autossuficiência. Aqui está uma pergunta difícil, mas importante: Você consegue reconhecer maneiras pelas quais aponta o dedo para os outros enquanto ignora suas próprias falhas, ou vive no mundo da fantasia achando que está sempre com a razão?

Ira interior

Indo um pouco mais a fundo na ira cultural, examinemos a ira interior. É uma satisfação emocional (pelo menos momentaneamente) passar adiante nossa ira em vez de enfrentá-la. Irar-se é sentir-se no controle. É uma maneira conveniente de nos distanciarmos da fraqueza e da vulnerabilidade. É uma forma de darmos a ilusão de que somos fortes. Quando a ira ferve de dentro para fora, geralmente se deve a expectativas frustradas, à ansiedade ou à necessidade de estar no controle.

Quer percebamos quer não, lá no fundo há sempre uma história que estamos contando a nós mesmos no momento. Nunca me esquecerei da vez em que fui entrevistado sobre o tema "ser uma presença calma". Uma hora antes da entrevista, eu havia forçado muito a voz. Não, eu não havia estado em um evento esportivo; havia sido de tanto gritar no carro com meu filho de oito anos enquanto o deixava na escola durante a primeira semana de aula. À medida que nos aproximávamos do prédio da escola naquela manhã, ele começou a chorar de forma incontrolável. Mais tarde, ele me contou que tinha ficado com medo de brincar ao ar livre durante o intervalo porque tinha medo de ser picado por uma abelha (algo que já havia acontecido). Ele não tinha a capacidade de controlar as próprias emoções nem de compartilhar seu medo profundo. O fato de ele não querer ir para a escola me fez atrasar para a entrevista para o podcast. Em vez de dizer ao meu entrevistador que eu havia tido um problema para resolver, fiz o "melhor" que poderia ter feito a seguir: gritei o mais alto possível, tentando ameaçar meu filho para que fosse à escola. Acontece que meu momento de insanidade temporária foi uma picada mais dolorosa do que a de qualquer abelha e me deixou envergonhado.

A história que me passava na cabeça era a de que eu tinha de ser responsável e pontual, mas tinha mais a ver com a sensação de impotência que tive ao tentar acolher meu filho com compaixão em sua aflição.

Percebi que era necessário fazer uma introspecção compassiva e curiosa após aquele momento, especialmente se eu quisesse ser o pai que meu filho precisa que eu seja. É preciso mais do que força de vontade para gerenciar adequadamente a ira interior.

Resistindo à ira

Em seu sermão, Jesus não oferece uma lista de práticas para pormos a ira no devido lugar. (Nada de errado com isso — na próxima seção, apresentarei uma prática espiritual que nos ajudará a lidar com nossa ira.) Em vez disso, ele nos oferece uma imagem impressionante que mostra como lidar com a ira e também como ter um relacionamento correto com Deus.

Jesus diz que seu relacionamento com Deus não é tão bom quanto você pensa se seu relacionamento com outra pessoa estiver prejudicado. Não há como realmente se comunicar com Deus se você nutre *orgizomenos* em relação ao seu próximo. Além disso, Jesus aconselha seus seguidores a adiar a adoração até que seja dada a atenção imediata à desavença.

Ele imagina um adorador prestes a oferecer um sacrifício pelos próprios pecados (uma prática comum nos tempos antigos). Muitas vezes, os adoradores percorriam longas distâncias até Jerusalém para realizar esses rituais. É aqui que Jesus nos surpreende. Se alguém está prestes a oferecer um sacrifício, mas se lembra de que tem um problema não resolvido com alguém, deve parar imediatamente. Deve voltar para casa, procurar a pessoa com quem tem desavenças, tentar se reconciliar e, *então*, voltar e concluir o sacrifício. Aqui está o argumento de Jesus: Não podemos ter um relacionamento com o Senhor da vida se estivermos abrigando em segredo a morte em nosso coração.

Além disso, as instruções de Jesus ressaltam a urgência do momento. Não é preciso muito para que um pouco de ira se transforme em uma fúria consumidora. Ele está nos ensinando a proteger o coração contra um poder que tenta destruir a nós — e ao nosso próximo. Ele sabe que, se não for tratada, a ira nos levará a interiorizar mensagens sobre nós mesmos e os outros, tornando admissível que destruamos pessoas em nosso coração, com nossas palavras e por meio de nossas ações. Ele nos instiga a ir *além* da superfície de nossa ira para dar espaço ao poder de Deus. Como fazemos isso? Recomendo uma prática espiritual chamada *lamento*.

A prática do lamento

Há razões legítimas para ficarmos irados. Mas, no reino de Deus, não há uma razão legítima para deixarmos que a ira nos destrua e consuma. Descobri que a prática do lamento — expressar minha dor, tristeza e angústia a Deus — me ajuda a neutralizar minha ira.

A ira faz com que nos fechemos em nós mesmos; o lamento faz com que nos abramos. Em vez de ignorarmos uma ofensa, o lamento cria espaço em nosso coração para que o Espírito de Deus redirecione nossos sentimentos e chegue à raiz da ira. Talvez você se surpreenda ao descobrir que a raiz da fúria muitas vezes é a dor. Por isso, diminuir o ritmo para lamentar deve fazer parte de nossas reuniões de adoração regulares e de nossas interações com amigos de confiança. Ao lado do lamento, nossa ira pode ser um catalisador que nos abre para a vida, o amor e o poder de Deus. Se não enfrentarmos nossa ira com honestidade (e na presença de Deus), violaremos a lei do amor — a lei que mais importa para Jesus.

O que Paulo ordena à igreja em Éfeso é útil aqui: "E 'não pequem ao permitir que a ira os controle'. Acalmem a ira antes que o sol se ponha, pois ela cria oportunidades para o diabo" (Ef 4.26-27). Em outras palavras, permita-se sentir ira, mas esteja atento ao poder que ela tem de escravizá-lo a uma força maior do mal. Ou, nas palavras bem conhecidas de Tiago, "Estejam todos prontos para ouvir, mas não se apressem em falar nem em se irar" (Tg 1.19).

Não se apresse em se irar

A boa notícia do evangelho é esta: O próprio Deus é "lento para se irar e cheio de amor" (Sl 145.8). No Antigo Testamento, essa expressão é repetida numerosas vezes, apontando para uma característica central de Deus. Embora muitos o vejam como excêntrico e vingativo, sua paciência é uma das qualidades mais impressionantes a seu respeito.

Considere as frequentes falhas, rebelião e teimosia do povo de Deus. De um instante para o outro, os israelitas mudam de lealdade, abandonam seu chamado e vão atrás de outros deuses. No entanto, a ira de Deus se move lentamente, dando ao seu povo inúmeras oportunidades para mudar de direção. Ao pensar em sua vida, você vê sua história na deles? Como a ira do pai na parábola do filho pródigo, a ira de Deus se desenrola em câmera lenta, mas seu grande amor chega até nós na velocidade da luz. Como essa verdade é confortante!

O Deus revelado em Jesus Cristo não guarda ira contra nós. Ele não murmura a palavra *raca* entre os dentes. Em vez disso, Cristo é quem recebeu a *raca* do mundo em sua plenitude e, por sua vez, derrama perdão e misericórdia.

Portanto, mostrar-se ao mundo como um seguidor de Jesus não significa eliminar todas as formas de ira, mas viver de tal maneira que ela não o consuma. Você é humano, então *ficará* com raiva. Mas, sendo constrangido pelo amor de Cristo e transformado pelo Espírito de Deus, a ira não tomará conta de você. No caminho estreito, cercado pela graça por todos os lados, você se verá livre da raiva e conhecerá a satisfação permanente.

6
Nossas palavras

"Já saiu do trabalho?" Vejo a mensagem de minha esposa, sabendo que tinha lhe dito que estaria em casa a determinada hora. Digito uma resposta rápida: "Ah, sim, querida. Saí há vinte minutos". Nesse meio-tempo, jogo às pressas o laptop e meus livros na mochila e saio voando do escritório.

Todos os dias — de formas significativas e aparentemente não significativas — é tentador comprometer a verdade. Quando alguém me convida para um evento e não estou realmente a fim de ir, minha capacidade de mentir vem à tona sem o menor esforço. Em vez de dizer claramente: "Desculpe, mas não posso", de vez em quando invento eventos para justificar minha ausência.

Quando um amigo pergunta se recebi a mensagem dele, em vez de admitir que recebi e precisava pensar na pergunta que ele fez, sou desonesto às vezes: "Não, não recebi. Você pode enviar de novo?".

Em um mundo imerso em mentiras, dizer a verdade é um ato revolucionário. Em algum dia desses, depararemos com a pergunta: *Vou dizer a verdade ou vou mentir?* Essa pergunta elementar tem todo tipo de aplicações. Seja no parquinho, na sala de reuniões ou nas redes sociais, a integridade não é o padrão que adotamos. Não é como se acordássemos de manhã com a intenção de enganar, mas, apesar disso, é fácil sermos levados pela desonestidade.

A questão da mentira permeia nosso mundo desde o princípio. Na vida moderna, com o fluxo contínuo de informações e notícias, somos expostos à mentira em todas as esferas da vida — incluindo a igreja. Mentiras proferidas por pastores, líderes religiosos e denominações dominam as manchetes dos jornais. Líderes nos níveis mais altos do governo perpetuam a propaganda: meias verdades apresentadas como verdades verdadeiras. CEOs e líderes de instituições influentes encobrem a desonestidade, usando o poder para preservar suas marcas.

Grande parte das mentiras, no entanto, nunca chega ao palco principal. São as "mentirinhas" ditas no trabalho, em casa e em nosso coração. Mentimos sobre como realmente nos sentimos em relação a uma questão. Mentimos para encobrir nossas fraquezas. Mentimos para ganhar algum tipo de vantagem em nossa profissão. A lista continua.

Ao acreditar em (ou dizer) uma mentira, você não está livre. Deus o criou para ser livre — para desfrutar dos benefícios da autenticidade, da honestidade e da integridade. A extensão com que vivemos na verdade é a extensão com que vivemos no caminho de Jesus. Como veremos nesta seção do Sermão do Monte, o caminho estreito é um lugar onde a palavra clara e honesta é o padrão:

> Vocês também ouviram o que foi dito a seus antepassados: "Não quebre seus juramentos; cumpra os juramentos que fizer ao Senhor". Eu, porém, lhes digo que não façam juramento algum. Não digam: "Juro pelo céu", pois o céu é o trono de Deus. Também não digam: "Juro pela terra", pois a terra é onde ele descansa os pés. E não digam: "Juro por Jerusalém", pois Jerusalém é a cidade do grande Rei. Nem sequer digam: "Juro pela minha cabeça", pois vocês não podem tornar branco ou preto um fio de

cabelo sequer. Quando disserem "sim", seja de fato sim. Quando disserem "não", seja de fato não. Qualquer coisa além disso vem do maligno".

Mateus 5.33-37

Juramentos, promessas e integridade

Jesus está se referindo a uma prática antiga comum: Juramentos eram, basicamente, uma forma de conferir mais peso a uma promessa. Em uma sociedade oral, em que contratos escritos não eram uma norma cultural como hoje, a palavra de alguém tinha força legal. Até aqui, tudo bem. Jesus não pretende rejeitar o valor que o Antigo Testamento dá aos juramentos, mas sim expor as maneiras enganosas pelas quais a prática era realizada. As pessoas nos dias de Jesus descobriram uma forma de manipular a verdade enquanto ainda aparentavam ser justas.

Eis como funcionava: se você fazia uma promessa invocando o nome de Deus, não havia como fugir dessa promessa. Mas, e se você pudesse usar uma linguagem religiosa que não fosse tão forte quanto o nome de Deus, mas, ainda assim, profunda o bastante para fortalecer sua promessa? Essa é a brecha que Jesus critica. Em vez de jurarem pelo nome de Deus, eles juravam pela cidade santa ou pelo templo sagrado. Em algum momento, o "sim" deles se tornava "não". O compromisso era anulado, e a promessa, invalidada.

Quando eu estava no ensino fundamental, era comum ter algum conflito com um amigo ou parente. Se, sem querer, eu quebrasse o brinquedo de um primo e não quisesse assumir a culpa, eu fazia uma declaração dramática para provar minha inocência. Era mais ou menos assim:

— Você quebrou meu brinquedo?
— Não, eu não quebrei.
— Mas só você estava aqui.
— Eu juro que não quebrei. Juro pelo túmulo da minha mãe.
— Ah, então tá, eu acredito em você.

Simples assim. Naquela idade, acreditávamos que reforçar a verdade com uma expressão do tipo "pelo túmulo da minha mãe" confirmava a honestidade de alguém. É claro que eu cruzava os dedos atrás das costas para evitar o juízo de Deus. (Ser cuidadoso nunca é demais.)

Muitos filhos parecem ter uma compreensão implícita de que nossa palavra é nosso compromisso. Lembro-me do dia em que minha filha de cinco anos me pediu para levá-la para tomar sorvete depois do jantar. Sem olhar para minha agenda, eu disse: "Claro, querida". Depois percebi que tinha uma reunião à noite que não podia ser remarcada. Quando chegou a hora da sobremesa, ela pediu o sorvete. Sem dar muita importância, eu disse que tinha me esquecido de uma reunião e que tomaríamos sorvete no dia seguinte. A resposta dela? Com lágrimas nos olhos, ela disse as três palavras que crianças do mundo inteiro têm guardadas lá no fundo da alma: "Mas você prometeu!".

Minha resposta rápida foi: "Querida, eu nunca prometi isso". E você já sabe como foi o resto da conversa.

O que aconteceu? Ela entendeu minhas simples palavras como uma promessa certa. Jesus sabe que não só as crianças são afetadas por essas promessas não cumpridas e pela falta de verdade. Sem a verdade, o próprio tecido da sociedade se desfaz.

Jesus oferece uma mudança radical de perspectiva para aqueles que desejam segui-lo. Ele nos chama ao tipo de integridade que prioriza a verdade, especialmente em se tratando de cumprir promessas. Antes de examinarmos isso, é importante identificar por que temos dificuldade com esse conceito. Por que não somos verdadeiros? Por que dizemos sim quando queremos dizer não? Por que não cumprimos nossos compromissos? Por que há muitas vezes um abismo entre o que dizemos e o que fazemos?

Insinceridade

Quando penso em minha própria vida — como pastor e como alguém que vive tentando agradar a todos —, posso identificar três razões pelas quais tenho sido insincero: medo de desapontar os outros, levar uma vida muito ocupada e estar imerso em uma cultura que valoriza a superficialidade.

Medo de desapontar os outros

Dizer a verdade é correr o risco de desapontar os outros. Muitos de nós estamos sempre nos conformando ao que acreditamos que as pessoas esperam de nós, especialmente aquelas pelas quais temos grande consideração. Não queremos ofender, como observou o teólogo Stanley Hauerwas:

> Acho que mentimos com frequência não porque sejamos mentirosos, mas porque somos pessoas moderadamente boas que não querem ferir ninguém, e, portanto, quase sempre nos controlamos para não dizer o que precisa ser dito, pois não queremos enfrentar as consequências.[1]

Uma das áreas em que estou continuamente crescendo é a de ser sincero com Rosie, mesmo depois de quase duas décadas de casamento. Houve muitas vezes em nosso relacionamento em que eu tinha uma opinião diferente sobre um assunto — fossem planos para as férias, prioridades financeiras ou ponto de vista sobre como criar os filhos. Levei anos para ter coragem de simplesmente expressar minha opinião sobre o assunto. O que gerou essa hesitação? Medo de desapontá-la e feri-la. Mas passei a entender que não estou fazendo nenhum favor a ela (ou ao nosso relacionamento) ao evitar compartilhar minha perspectiva. Mais ainda, falsamente, meu silêncio comunicava que ela não podia lidar com minha honestidade. Na verdade, sou *eu* que não consigo lidar com a diferença de opinião.

Mentimos porque desejamos ser amados. Há algo em cada um de nós que deseja afeto e sensação de pertencimento. Quando isso não acontece, criamos caminhos para consegui-lo. De forma alarmante, a mentira consegue fazer isso (parcialmente) para nós. Tive inúmeras conversas com membros da congregação que desejam tanto ser amados por uma pessoa ou grupo específico que não conseguem estabelecer limites saudáveis para seu tempo e energia.

Lembro-me de ter conhecido Jerry (não é seu nome verdadeiro) em um evento de voluntariado. Em minha breve conversa com ele, observei como eu estava grato pelo serviço sacrificial que ele estava prestando à nossa igreja (um sonho de pastor). Algumas semanas depois, nós nos sentamos para tomar um café da manhã, e comecei a fazer algumas perguntas gerais sobre como andava seu casamento. Percebi que ele estava se dedicando além da conta ao serviço da igreja, a ponto de sua saúde e seu casamento estarem sofrendo. Seu corpo estava dizendo não, mas sua boca continuava a dizer sim. Quando perguntei sobre sua incapacidade de observar o sábado e cultivar ritmos saudáveis de conexão com sua esposa, suas motivações vieram à tona.

— Pastor Rich — disse ele, hesitante —, tenho medo de que, se disser não ou restringir meu serviço à igreja, não receberei atenção nem elogios de muitos irmãos de nossa congregação pelo trabalho que faço como líder.

Naquele momento, tive de confessar minha própria familiaridade com essa tentação. Se o fato de sermos amados e estimados for a base de nossa identidade, isso por fim acabará conosco — por causa do esforço constante necessário para agradar aos outros e porque nunca seremos capazes de manter as pessoas felizes para sempre.

Levar uma vida muito ocupada

Por que não conseguimos cumprir compromissos? Muitas vezes é porque o ritmo em que vivemos não é sustentável para as decisões que tomamos. Deixe-me reformular isso com uma linguagem emocionalmente saudável: O ritmo em que *eu* vivo muitas vezes não é sustentável para as decisões que *eu* tomo. Sei como é me sobrecarregar com vários projetos. Sei como é dizer sim porque estava tentando ajudar, o que criou uma avalanche de respostas afirmativas que levaram à exaustão e à tensão familiar.

Muitos de nós idolatram uma agenda cheia de compromissos; isso faz com que nos sintamos importantes. Nós nos deixamos absorver por um turbilhão de atividades — especialmente atividades "boas" porque nosso senso de identidade é validado. Mas isso leva a um problema: Não há margem para recuar, discernir o que é melhor ou descansar.

Uma vez que me comprometi com tantas coisas ao longo dos anos, meu novo hábito é informar às pessoas que pensarei sobre um convite antes de aceitá-lo. Se, para mim, for difícil pensar bem se posso realmente me comprometer com algo, isso é um sinal de que devo dizer não. Estou em processo de aprendizagem nessa área, mas me livrei de muitos encargos por meio dessa prática.

Dar espaço para a clareza interior é necessário para chegar à verdade. Quando descobrimos e articulamos nossos valores, estamos livres das amarras daquilo que pensamos que os outros esperam de nós. Certa vez, conversei com um amigo que estava tão certo de sua vocação como pastor que seu não imediato a um convite me surpreendeu. Eu havia perguntado se ele consideraria a ideia de se juntar à nossa congregação como um dos pastores. Eu tinha certeza de que ele pediria tempo para orar sobre a ideia. (E, por falar nisso, dizer "deixe-me orar a respeito" muitas vezes foi minha estratégia para não dizer claramente *não* no momento.) Em vez disso, sem hesitar, ele respondeu: "Não, não fui chamado para deixar minha congregação. Estou lá para ficar". Admirei a clareza de seus sentimentos íntimos e suas palavras simples. Não houve fingimento. Ele diminuiu o ritmo de sua vida o suficiente para fazer com que seu não fosse de fato um não. Você pode ter esse mesmo tipo de clareza, mas primeiro terá de diminuir o ritmo, considerar suas prioridades e, então, protegê-las de forma graciosa, mas incansável.

Uma cultura que valoriza a superficialidade

Por fim, a insinceridade vem à tona porque muitas vezes nos vemos nadando em uma cultura rasa em que as pessoas raramente são honestas. Quando perguntadas: "Como você está?", a resposta automática é: "Estou bem, graças a Deus! Tudo tranquilo!". Em alguns ambientes — especialmente em círculos cristãos —, ser honesto e dizer a verdade parece arriscado demais. Lamentavelmente, nossa visão de discipulado não deixa espaço para dias ruins. Na igreja, é comum ver problemas de saúde mental, como depressão, por exemplo, sendo tratados como pecado. É comum também associar julgamento moral a períodos de dor. E, sem dúvida, muitos não se sentem seguros para revelar partes íntimas da vida a pessoas que não oferecem uma presença amorosa. Isto é trágico: Comunidades que promovem a falta da verdade não são sustentáveis nem revigorantes.

Reserve alguns minutos para refletir sobre esses três desafios que temos pela frente. Como seu medo de desapontar as pessoas faz com que você se torne desonesto? Como a vida muito ocupada tem prejudicado sua capacidade de dizer "sim" ou "não" a partir de um lugar de equilíbrio? Como uma cultura que valoriza a superficialidade tem corrompido sua integridade? À medida que seguimos Jesus de perto, um novo lugar para viver nos é dado. À medida que você diminuir o ritmo de sua vida para estar com ele, suas palavras virão de um lugar estável. À medida que você viver no amor de Jesus, você se tornará cada vez mais honesto em relação a como realmente está.

Tudo isso é importante por causa do que a mentira faz conosco.

O que vem do maligno

Quando temos o hábito de mentir, a mentira acaba por se tornar nossa realidade. E quando isso acontece, nossa alma corre grande perigo.

Há uma passagem controversa de Jesus sobre blasfemar contra o Espírito Santo que trata dessa questão. Resumirei a história encontrada em Mateus 12.22-37.

Nesse ponto do ministério de Jesus, ele demonstra consistentemente sua autoridade sobre os demônios. Quando um endemoniado se aproxima dele, não demora muito para que seja liberto. Jesus está realizando um ministério significativo para a comunidade, mas o sistema religioso se sente ameaçado por sua existência. Sua presença põe em risco o poder dos líderes religiosos. Por mais obras boas que Jesus faça, isso entra em conflito com a narrativa egoísta deles. A despeito do poder e da beleza de seu ministério de cura, eles não conseguiam vê-lo, apreciá-lo ou aceitá-lo.

Naquela época, o fato de alguém expulsar um demônio de uma pessoa provava o favor de Deus sobre a vida desse indivíduo, mas esses líderes religiosos insistem em afirmar que Jesus não é de Deus. Ninguém pode negar os milagres que Jesus está realizando, então eles o acusam de estar associado com Satanás. Insistem que ele está operando pelo poder do diabo. Em resposta, Jesus faz esta séria advertência: "Quem falar contra o Filho do Homem será perdoado, mas quem falar contra o Espírito Santo não será perdoado, nem neste mundo nem no mundo por vir" (Mt 12.32).

Como devemos entender essa advertência? Ron Rolheiser resume bem:

> Cuidado com o que você está fazendo agora, distorcendo a verdade por ser muito difícil aceitá-la. O perigo é que, se continuar a fazer isso, você, por fim, poderá acabar por acreditar em sua própria mentira. Isso será imperdoável, considerando que você já não desejará ser perdoado, pois verá a verdade como mentira, e a mentira, como verdade.[2]

Mentir não é apenas um sinal de caráter questionável; é estar preso a um poder maligno. E esse mal só pode ser expulso quando falamos a verdade.

Falando a verdade

Como é falar a verdade? Aqui estão algumas reflexões.

Primeiro, significa que dizemos o que realmente temos a intenção de dizer. Lembro-me de um momento em que fiquei muito na defensiva em relação a Rosie quando ela mostrou um ponto fraco meu que eu não conseguia reconhecer. Suas palavras expuseram uma área de crescimento à qual eu precisava dar atenção. Mas, em vez de ouvi-la com humildade, eu a ataquei verbalmente. Alguns minutos depois, percebendo meu erro, perguntei a ela: "Querida, você me perdoa?". A resposta dela me surpreendeu, mas apreciei sua honestidade. Ela disse: "Com o tempo, vou perdoar". Por causa de nosso relacionamento, eu sabia que sua hesitação não significava o fim de nosso casamento; significava simplesmente que ela não diria algo que não estava sentindo.

Segundo, falar a verdade significa que fazemos o que dizemos. Ser verdadeiro é, pensando bem, uma questão de alinhamento; é uma questão de coerência. O que está acontecendo por fora condiz com o que está acontecendo por dentro. Falar a verdade é, pela graça de Deus, persistir na verdade e levá-la até o fim. Uma vida íntegra diminui a lacuna entre as palavras que dizemos e a maneira como vivemos.

Terceiro, falar a verdade significa que o que falamos em um lugar é o mesmo que falamos em qualquer outro. Você já expressou uma opinião para uma pessoa e, em seguida, ajustou seu nível de convicção com outra? Por que sentimos a necessidade de mudar nossos posicionamentos? O que há em determinada pessoa que faz você reelaborar sua perspectiva? Para ter uma vida íntegra, você não pode mudar de postura para atender às expectativas de quem quer que esteja com você.

Por fim, falar a verdade à maneira de Jesus requer a presença do amor. É comum falar a verdade sem amor. De fato, falar a verdade sem amor se tornou um sinal de autenticidade. Como disse Dietrich Bonhoeffer, "A verdade apenas para si, a verdade falada com inimizade e ódio não é verdade, mas uma mentira, pois a verdade nos leva à presença de Deus, e Deus é amor. A verdade é a clareza do amor ou não é nada".[3] Na verdade, isso não significa que nossas palavras sempre soarão agradáveis e refinadas. Mas significa que o amor é o que dá vida à verdade que buscamos oferecer.

Fazendo e cumprindo promessas

Como pastor, tenho uma visão privilegiada da infinidade de compromissos que as pessoas — inclusive eu — assumem. Fazer parte de uma comunidade significa que teremos várias oportunidades para investir nosso tempo, energia e dons no serviço aos outros. Mas isso entra em conflito com uma cultura que busca estar livre de todos os tipos de obrigação. Para muitas pessoas, *obrigação* é uma palavra negativa. Implica responsabilidade sem o desejo correspondente. Parece coerção, não generosidade. Não *parece* bom. Contudo, seguir Jesus nem sempre *parece* agradável. Na verdade, ele chama seus seguidores a tomarem a cruz e seguirem-no (veja Mt 16.24-25).

Prometer fazer algo por outra pessoa é um belo reflexo do reino de Jesus. Quando duas pessoas se casam, elas prometem estar ao lado uma da outra em todas as etapas da vida.

Ao fazer isso, refletem o amor demonstrado por Deus na aliança com seu povo. (Estou plenamente ciente de que Jesus estabelece medidas para que possamos anular os votos que fazemos quando há violações relacionais, como o adultério, por exemplo. Esse ensinamento precisa ser aprofundado de maneira que as pessoas não sejam indevidamente forçadas a permanecerem em um relacionamento nocivo.)

Quando me tornei o pastor titular da New Life Fellowship, fizemos uma cerimônia de transição. Meu antecessor ficou à minha frente diante de nossa congregação e me convidou a prometer que cumpriria fielmente minhas funções pela graça de Deus. Quando fiz essa promessa, senti o peso de meu chamado e me dei conta das maneiras pelas quais estava refletindo o coração pastoral de Deus para esse rebanho. Há algo poderoso em honrar as promessas que fazemos uns para os outros. Minha vida é mais rica por causa dos compromissos que fiz e mantive, e, embora seja difícil cumprir todos os compromissos às vezes, Deus honra aqueles que buscam integridade (ainda que de maneira imperfeita).

O sim de Deus é sim

Não há hesitação em Deus. Ele diz o que realmente quer dizer e cumpre suas promessas. O que isso nos diz? Pelo menos, que podemos confiar no caráter de Deus. Em Cristo, Deus demonstrou seu compromisso irrevogável para com a humanidade. Ele promete estar ao nosso lado, empenhando sua presença e grande amor. Não precisamos nos preocupar em saber se ele nos amará hoje e mudará de ideia amanhã. Não, isso já está decidido. Você pode confiar que Deus cuidará de você.

Talvez você tenha passado por momentos difíceis. A vida não é fácil, e, consequentemente, você questiona se Deus *de fato* cumprirá as promessas que fez. Talvez você duvide de que Deus seja fiel a você. Talvez um contratempo recente o tenha deixado completamente desnorteado. Talvez promessas quebradas feitas por pessoas bem-intencionadas tenham manchado sua maneira de ver Deus. Não tenho como saber tudo pelo que você passou, mas quero fazê-lo se lembrar de que todas as promessas de Deus são "sim e amém" em Cristo Jesus. A Palavra de Deus é fiel. Suas promessas são confiáveis.

À medida que seguir Jesus pelo caminho estreito, você verá a fidelidade dele em sua vida. Lenta, mas seguramente, ele o transformará em alguém cujas palavras sejam confiáveis e intencionais.

7
Nossos desejos

Lembro-me bem da manhã de 19 de maio de 2018. Eu estava em um sono profundo quando, do nada, uma luz forte entrou no quarto. Comecei a ouvir uma música alegre e pessoas cantando. Por um instante, pensei estar às portas do céu. Rosie havia ligado a televisão às 5h da manhã para assistir ao casamento real do príncipe Harry e Meghan Markle. Minha esposa não era a única a acompanhar o evento naquele dia.

Havia 29 milhões de pessoas antenadas. Por que tanta atenção foi dada a esse casal? Certamente, muitos têm uma fascinação por todas as coisas relacionadas à realeza, mas acho que há uma resposta mais profunda. Lembro-me de ler as palavras de uma freira chamada Miriam James. Ela tuitou:

> Por que o coração humano ama um belo #CasamentoReal? Porque nosso desejo mais profundo é sermos apresentados puros, santos e irrepreensíveis diante Daquele que nos amará eternamente em uma comunhão íntima e sem fim.[1]

Se essa freira não mandou bem demais, não sei o que é mandar bem! Quer casados quer solteiros, precisamos regularmente de uma visão do casamento como um ícone do amor apaixonado de Deus pelo mundo. De todos os temas que Jesus discute no Sermão do Monte, suas palavras sobre adultério e cobiça, sem dúvida, geram a maior resistência.

Como pastor, depois de ministrar sobre esses temas, recebo e-mails dizendo coisas do tipo: "Não deveríamos nos preocupar com o que as pessoas fazem na privacidade da casa delas". Já participei de grupos pequenos nos quais alguém expressa com delicadeza uma visão da sexualidade humana que diz que a Bíblia está "condicionada culturalmente" e, portanto, "requer uma nova perspectiva de interpretação". Sou solidário a essas pessoas, uma vez que a igreja tem muitas maneiras cruéis e inadequadas de falar sobre sexualidade.

Jesus não dá um parecer definitivo para todas as perguntas que temos com relação à ética sexual, mas ele *é* claro quando diz que Deus se importa profundamente com os desejos e com a maneira como lidamos com eles. O que fazemos com nossos desejos sexuais está ligado ao nosso relacionamento com Jesus. Sei como isso pode parecer estrito, mas Jesus está nos conduzindo a uma parte bela do caminho estreito onde, em vez de usarmos uns aos outros com lascívia, amamos uns aos outros com pureza e bondade. Dentro de todos nós, desejamos esse tipo de vida — uma vida que seja livre, fiel e repleta de frutos. Infelizmente, nosso mundo transforma o sexo em uma mercadoria de uma maneira que explora e objetifica os outros, e é por isso que — como veremos a seguir — Jesus critica veementemente a ética sexual de sua época (e a nossa também).

A força destrutiva da cobiça

Como de costume, Jesus não se preocupa apenas com o comportamento, mas chega à raiz do problema. Em uma cultura antiga que desaprova o adultério, ele sabe que alguém, tecnicamente, pode nunca cometer adultério ao mesmo tempo que abriga todo tipo de cobiça no coração e na mente. Ao transformar o adultério em um pecado interior, não apenas exterior, ele fala com todos os que nutrem a cobiça, sejam solteiros ou casados:

> Vocês ouviram o que foi dito: "Não cometa adultério". Eu, porém, lhes digo que quem olhar para uma mulher com cobiça já cometeu adultério com ela em seu coração.
> Mateus 5.27-28

Em nossa era de smartphones dominados pela pornografia, Jesus compara o olhar cobiçoso ao adultério! Quem nunca deu esse tipo de olhar nos dias de hoje? Como se isso já não fosse bastante forte, Jesus leva a questão para outro nível:

> Se o olho direito o leva a pecar, arranque-o e jogue-o fora. É melhor perder uma parte do corpo que ser todo ele lançado no inferno. E, se a mão direita o leva a pecar, corte-a e jogue-a fora. É melhor perder uma parte do corpo que ser todo ele lançado no inferno.
> Mateus 5.29-30

O adultério é uma traição, talvez a mais profunda. Quando duas pessoas fazem votos uma à outra diante de Deus e de uma comunidade, elas prometem amar a outra durante as alegrias e dificuldades da vida. Nos casamentos cristãos, nós nos casamos não apenas *em* uma igreja, mas *para* a igreja. Em outras palavras, nosso amor está exposto para todos, apontando as pessoas para o compromisso apaixonado de Deus com a igreja e com o mundo em geral.

Jesus menciona tudo isso, mas depois vai além. Ele apresenta o caminho estreito de resistir ao adultério do coração. Ele nos chama a confrontar nossa cobiça.

Jesus sabe que a maioria das pessoas, tanto naquela época quanto agora, diria: *Eu cumpri esse mandamento. Não cometi adultério. Não dormi com ninguém fora do meu casamento.* Ou, se não formos casados, simplesmente ignoramos essa parte. Mas calma aí! Jesus nos lembra novamente de que pertencer a ele e viver em seu reino significa que nossos desejos, pensamentos e intenções devem ser moldados por seu amor.

No Sermão do Monte, o conceito de cobiça é semelhante ao de ira: ambos podem ser silenciosamente alimentados no coração, corrompendo a alma, mesmo que não evoluam para adultério ou assassinato de fato. Quando Jesus diz: "Quem olhar com desejo", ele não está se referindo a uma atração passageira; ele quer dizer alimentar intencionalmente uma fantasia ilícita. Enquanto houver cobiça, o amor não pode estar presente.

Cobiça tem a ver com consumo. Amor tem a ver com comunhão.

Cobiça tem a ver com tomar. Amor tem a ver com dar.

A cobiça usa. O amor honra.

A cobiça diminui o outro. O amor valoriza o outro.

Fomos criados por Deus para desfrutar de comunhão uns com os outros. Fomos criados por Deus para ter relacionamentos caracterizados por dignidade e respeito. Tragicamente, vivemos em uma sociedade em que a norma é consumir os outros para nosso próprio prazer. Assim, somos moldados para satisfazer nossos desejos como e quando quisermos. Somos condicionados a acreditar que os relacionamentos são apenas um meio para um fim sexualmente satisfatório.

Essa é uma realidade perigosa que predomina em nossos dias. Por causa do impacto da pornografia em nossa cultura, somos condicionados a criar relacionamentos imaginários que afetam negativamente nossa capacidade de ter uma conexão genuína com os outros. Observe estas estatísticas impressionantes:

- Os sites de pornografia recebem mais tráfego mensal do que Netflix, Amazon e X (ex-Twitter) juntos.[2]
- 35% de todos os *downloads* da internet estão relacionados à pornografia.[3]
- 34% dos usuários da internet foram expostos a pornografia indesejada por meio de anúncios ou *pop-ups*.[4]
- Pelo menos "30% de todos os dados transferidos pela internet são de pornografia".[5]

De acordo com um estudo, "Para adolescentes e jovens adultos, não reciclar é mais imoral do que ver pornografia".[6] E o problema se torna ainda mais complicado à medida que a tecnologia avança.

No *Journal of Sexual and Relationship Therapy* [Jornal de terapia sexual e relacionamentos], pesquisadores no Canadá prenunciaram que estamos caminhando para um dia (e talvez já estejamos lá) em que "alguns preferirão ter relacionamentos amorosos com robôs sexuais em vez de seres humanos".[7] O dr. Neil McArthur, professor de Filosofia e diretor do Centro de Ética Profissional e Aplicada na Universidade de Manitoba, escreveu:

> É plausível dizer que chegou a era do sexo virtual imersivo [...]
> À medida que avançam, essas tecnologias serão cada vez mais adotadas, e muitas pessoas passarão a se identificar como "digissexuais" — pessoas cuja principal identidade sexual se dá por meio do uso da tecnologia.
> Muitas pessoas descobrirão que suas experiências com essa tecnologia se tornarão parte integrante de sua identidade sexual, e algumas preferirão essas experiências às interações sexuais diretas com outros seres humanos.[8]

Esses avanços tecnológicos revelam que, cada vez mais, a cultura vê o sexo mais como uma mercadoria a ser consumida do que como um convite a amar bem outro ser humano. Essa distinção — entre consumo e comunhão — é fundamental para entendermos o caminho estreito de Jesus.

Consumo *versus* comunhão

Hoje, nosso mundo é diferente do contexto antigo de Jesus, mas ainda resta o mesmo impulso humano: a tentação de usar os outros. Toda vez que o consumo substitui a comunhão, nossa alma é corrompida.

Embora objetificar os outros seja uma tentação para todas as pessoas, quando leio esse trecho do sermão de Jesus, não posso deixar de observar como ele desafia os homens em particular. Espera-se isto: em seu ministério, ele confronta regularmente a sociedade dominada por homens em que ele vive. Ele aceita mulheres como discípulas — um tabu social e religioso em sua época. Fala com uma mulher samaritana junto a um poço (também socialmente inaceitável). Jesus regularmente fortalece e afirma a dignidade das mulheres.

Por milhares de anos, as mulheres foram vistas como objetos e propriedade para a satisfação dos homens. Eram culpadas pela cobiça do homem. Os fariseus da época de Jesus acreditavam que o segredo para eliminar a cobiça do homem era *evitar todo contato com mulheres*. Em vez de assumirem a responsabilidade por suas próprias ações, esses líderes religiosos presumiam que as mulheres eram o principal problema. Jesus rejeita essa linha de raciocínio e nos chama a assumir o domínio daquilo que flui de nosso coração.

Segundo Jesus, a principal maneira de lidar com a cobiça não está "lá fora", mas "aqui dentro" — isto é, em nosso coração. Em alguns espaços evangélicos, é comum criar limites em torno da integridade sexual, mas de um modo que faz as mulheres parecerem perigosas ou não confiáveis. A "regra de Billy Graham" é um exemplo bem conhecido. Para se proteger de falsas acusações, ele evitava qualquer situação a sós com mulheres, até mesmo alguns instantes no elevador. Embora seja importante manter limites, às vezes esses limites colocam as mulheres em uma posição moralmente inferior. Jesus reconhece isso e coloca a responsabilidade no coração do homem. Homens, a maneira de evitar a impropriedade sexual é lidar com nossa própria cobiça. Lembro-me de ter feito o treinamento anual obrigatório da equipe sobre assédio sexual. Um dos *slides* dizia:

> Homens: Não evitem trabalhar com mulheres por terem medo de denúncias de assédio sexual. Para evitar tais denúncias, não assedie sexualmente as pessoas.

Exatamente.

Agora, eu gostaria de observar que, só porque Jesus fala com os homens aqui, isso não significa que as mulheres não estejam em perigo de cobiçar. Ele fala, em primeiro lugar, com os homens, mas não exclusivamente. Existem muitas maneiras pelas quais as mulheres são tentadas pelo poder da cobiça. Lembre-se de que o pecado da cobiça implica criar relacionamentos na cabeça para obter satisfação sexual.

Tentações como assistir a pornografia ou ler romances fantasiosos estão sempre presentes no mundo de hoje. Se uma mulher vê um homem apenas como um objeto para satisfazer seus desejos emocionais ou físicos, ela também está em perigo.

A questão não é *se* vamos deparar com a cobiça, mas o que vamos fazer *quando* ela surgir em nosso coração. Jesus dá instruções que podem surpreender.

Arrancando olhos e cortando mãos

É aqui que as coisas ficam interessantes. Jesus fala com um nível de extrema urgência, dizendo que o poder da cobiça é tão perigoso que é melhor arrancar o olho e cortar a mão do que se submeter a ele. Uau!

As pessoas interpretam esse versículo de várias formas. Pessoalmente, não acredito que Jesus esteja recomendando a amputação literal. Ele está usando uma linguagem hiperbólica para retratar o perigo apresentado aqui. É melhor perder o olho ou a mão do que perder a vida inteira.

Jesus fala de forma tão direta sobre adultério e cobiça porque ele conhece os danos que resultam dessas coisas. Pode-se dizer que não há ferida maior do que fazer votos de amar alguém e quebrar esse voto por meio do adultério. É por isso que a rebeldia na história de Israel, no Antigo Testamento, é muitas vezes descrita como infidelidade conjugal. Quando cobiçavam ídolos, os israelitas abandonavam a aliança que haviam prometido manter com Deus.

Como pastor, sou testemunha de como o adultério é um dos temas mais dolorosos em se tratando de orientar um casal ou uma família. Vejo como a cobiça destrói casamentos. Sento-me diante de indivíduos gritando de dor depois de descobrirem uma mensagem privada nas redes sociais detalhando um relacionamento ilícito. Tenho de consolar crianças pequenas e adolescentes abalados pela notícia de um pai ou mãe que se envolveu em um caso extraconjugal.

Jesus entende o nível de dor como consequência da cobiça — tanto em nossos relacionamentos humanos quanto em nosso relacionamento com Deus. Vemos isso nas primeiras páginas da Bíblia. No jardim do Éden, Deus diz a Adão e Eva que podem desfrutar de tudo, menos do fruto de determinada árvore.

Logo depois, a serpente aparece, e Adão e Eva começam a cobiçar o fruto da árvore: "Parecia delicioso" (Gn 3.6). Eles veem a árvore como um meio para um fim: tornar-se como Deus. No momento em que eles apanham o fruto, o pecado entra no mundo. E com o pecado vêm a vergonha, a culpa e o medo.

Jesus não pretende roubar nossa alegria e acabar com nossa diversão. Ele está nos ajudando a preservar nossa alegria e a viver a excelência do amor fiel. Como fazemos isso? Bem, isso pode significar que limites claros precisam ser estabelecidos — como evitar certos filmes, livros e até mesmo lugares. Significa reconhecer nossas fraquezas e convidar outros a nos apoiarem na jornada.

É importante também examinar os estímulos mais profundos que estão por trás disso. Quando você reconhece que está usando outra pessoa para seu próprio prazer, há uma necessidade profunda não satisfeita que está estimulando essa compulsão. Nesse sentido, nossa cobiça revela nossa necessidade de apego, afeto e comunhão — com Deus e com os outros. Para ajudar aqueles que lutam para manter a comunhão com Deus na vida diária, escrevi *A vida profundamente formada*, que examina cinco práticas que irão ajudá-lo em sua jornada. À medida que pôr esses ritmos espirituais em prática — não para se tornar mais "espiritual", mas para se aproximar mais de Jesus —, você perceberá que ele o satisfaz infinitamente mais do que a cobiça.

Desejo e cobiça

É importante esclarecer que Jesus não está nos ensinando a ser *menos sexuais*. Muitas pessoas leem essa passagem e concluem que a única maneira de responder é negar todos os desejos sexuais ou vê-los como impuros. Não é essa a intenção de Jesus. Como cristãos, muitas vezes temos vergonha de nossos desejos sexuais e esquecemos que Deus nos dá esses desejos. Sexualidade não é o oposto de santidade. O sexo, quando buscado de maneira correta, não é cobiça.

Você não está sucumbindo à cobiça se achar uma pessoa atraente ou se desejar intimidade sexual. Não é cobiça ficar sexualmente excitado sem nenhuma intenção consciente de estar assim. Não é cobiça ter uma tentação.

Essas coisas não são cobiça; fazem parte do ser humano. Quando negamos nossa humanidade, a vigilância se transforma em paranoia, e nossos atos de repressão se tornam profecias que se autorrealizam. Para muitas pessoas cuja teologia da sexualidade se baseia na vergonha, o objetivo é não pensar no desejo sexual. Mas, ironicamente, quanto mais você tenta não pensar nele, mais você pensa.

A ética sexual que Jesus ensina não está alicerçada na repressão, mas na reordenação. Ele nos convida a ver nossos desejos pelo que são — desejos humanos normais —, mas nos chama a não sermos guiados por nossos apetites, e sim pelo amor a Deus e ao próximo. À medida que entregamos nossa vida nesse sentido, recebemos graça.

Mais uma vez, o amor de Deus não *remove* nossos desejos; ele os *reordena*. Infelizmente, em muitos casos, a igreja não tem feito um bom trabalho no sentido de ajudar as pessoas a compreenderem seus desejos. A igreja tem se calado sobre o assunto ou traído nosso testemunho ao formar comunidades em que a sexualidade não é vivida na íntegra. Imagino que muitos de vocês talvez estejam lendo essas palavras com muita dor e raiva lá no fundo. Se for o seu caso, quero apontar para Aquele que permanece firme no amor. Embora a igreja muitas vezes seja falha, Deus não falha.

A lealdade de Deus

Alinhar-se com os ensinamentos de Jesus é ver seus mandamentos a partir de uma perspectiva positiva e redentora. Como nos Dez Mandamentos, do outro lado do "Não faça isto ou aquilo" está "Busque isto". Quando diz: "Não mate", Deus também está dizendo: "Tratem uns aos outros com cuidado e dignidade". Quando diz: "Não cobice", Deus também quer dizer: "Viva com gratidão e contentamento, vendo a vida como um todo como uma dádiva". Quando diz: "Não cometa adultério", Deus está dizendo: "Deixe que seus relacionamentos sejam caracterizados pelo amor fiel prescrito na aliança".

O caminho rápido e fácil da cobiça evita o caminho lento e profundo do amor. Buscar o amor é livrar-se do sistema de valores do mundo que vê nossos desejos como coisas a serem atendidas quando bem quisermos. O caminho estreito de Jesus nos chama a discernir as realidades e anseios mais profundos que agem em nós e a direcionar nosso amor para Deus e para o próximo. Vemos isso em ação na relação que Deus tinha na aliança com seu povo ao longo das Escrituras.

Deus quer que tratemos os outros como pessoas feitas à sua imagem. Por quê? Porque ele nunca nos trai. Ele não nos "usa", embora essa linguagem seja comum em círculos eclesiásticos. Deus, em sua graça, une sua vida à nossa com fidelidade. Não somos usados e descartados quando deixamos de ser úteis. Deus nos ama e nos valoriza até a morte — e além dela. Seu amor leal é mais visível nos atos sacrificiais de Jesus — mais significativamente, na cruz. É lá que ele demonstra de forma mais distinta seu voto de nos amar livre, plena e fielmente. Não somos objetos descartáveis; somos seres amados que foram criados para uma vida de comunhão.

Então, coragem, amigo. A lealdade de Deus significa que seus piores momentos não o definem. Pela graça de Deus, novas possibilidades para começar de novo lhe são oferecidas. Você pode ter falhado nessa área de sua vida por anos, mas o amor de Deus lhe é oferecido neste exato momento. Esse amor tem o poder de arrancá-lo do estado de vergonha e levá-lo à cura. Ajuda-o a reconhecer seus pecados, não de forma a se autoproteger ou se condenar, mas com o espírito do verdadeiro arrependimento. Talvez você já tenha estado no caminho estreito, mas agora esteja de volta ao caminho largo. Mesmo agora, o amor leal de Deus pode enchê-lo de coragem e disposição para retornar ao caminho estreito de Jesus. Nesse caminho, você encontrará a satisfação que permeia sua verdadeira essência.

8
Nosso dinheiro

Certa manhã, entrei em uma loja de conveniência no Queens para pegar alguns itens. Ao entrar, um homem estava em pé à entrada pedindo dinheiro — uma ocorrência bem comum em meu bairro. Entrei, ignorando-o em parte, para fazer minha compra. Eu sabia que ele estaria à minha espera do lado de fora, na esperança de receber algum trocado ou dinheiro, mas eu tinha apenas uma nota de dez dólares. Dar dez dólares seria um exagero (pelo menos era o que eu pensava), então, ao sair da loja, menti e disse: "Desculpe, irmão, mas eu não tenho dinheiro aqui comigo".

Caminhei a distância de um quarteirão e, quando coloquei a mão em um dos bolsos para pegar a chave do carro, a nota de dez dólares também caiu. Tentei apanhá-la na mesma hora, e, enquanto fazia isso, o vento a levou para longe. Dei dois passos rápidos para alcançá-la, mas outra rajada de vento a levou para mais longe, seguindo na direção do homem em frente à loja. Nesse momento, comecei a tentar agarrá-la com o pé, esticando as pernas com tudo e batendo o pé na calçada. Após a terceira tentativa, lá estavam os dez dólares debaixo de meu sapato. Pus o dinheiro de volta no bolso, dei dois tapinhas na coxa e soltei um suspiro de alívio.

Quando entrei no carro, ocorreu-me um pensamento: *E se Deus estivesse tentando soprar meus dez dólares para o homem em frente à loja?* Fiquei pensando nisso por cinco segundos e então fui embora.

Penso sempre nesse momento, não apenas porque imagino outras pessoas olhando, curiosas, para mim enquanto eu tentava, desesperado, resgatar meu dinheiro, mas porque percebi que fui puxado para baixo por uma força — uma força que tem esse efeito sobre quase todos nós. Eu estava correndo pelo quarteirão atrás de meu dinheiro, cuidando para que ficasse em meu bolso e fora das mãos de outra pessoa.

Sei como é correr atrás de dinheiro — estar preocupado com ele. Na verdade, sei também como é ser escravo dele. Cresci em um lar que não tinha muitos recursos, então sempre sonhei em "dar a volta por cima". Quando comecei a faculdade, formei-me em marketing com um objetivo: ganhar *muito* dinheiro. Uma vez que esse sonho não se realizou de imediato, voltei minha atenção para as empresas de cartão de crédito, que me deram o poder ilusório de usar o cartão como se fosse um grande executivo. O dinheiro — e as coisas que ele poderia comprar — tornou-se uma motivação mais importante para minhas decisões. E tornar-me cristão não mudou isso de imediato.

Quando comecei a crer em Cristo, passei a assistir a pregadores cristãos na televisão que sabiam fazer o dinheiro multiplicar ao "semear uma semente" (uma promessa de fé de que eu receberia um retorno considerável sobre o valor que ofertasse para o ministério daquele pregador). A ênfase deles no enriquecimento rápido despertou minha curiosidade, uma vez que eu era alguém que havia crescido na pobreza.

Quando Rosie e eu nos casamos aos nossos vinte e poucos anos, minha relação com o dinheiro ainda era um problema. Logo contraímos dívidas, e levamos vários anos para ficar livres do controle opressivo de más decisões financeiras.

Em tudo isso ficou claro que o dinheiro não é apenas uma

ferramenta, mas um poder — um poder perigoso que pode me escravizar. E sei que não sou o único.

Uma pergunta: Como é sua relação com o dinheiro? Sei que estou sendo um pouco intrometido, mas, cá entre nós, como estão as coisas? Imagino que alguns de vocês talvez digam: "Bem, eu dou o dízimo e apoio instituições de caridade da minha cidade, então comigo está tudo ótimo". Ou talvez, por não ter nenhuma dívida e por usar um sistema de gestão financeira prático, você acredite que dinheiro não seja um problema. Ou talvez você ouça minha pergunta e tenha vergonha porque, mesmo que mal consiga pagar suas contas mensais, é assombrado pela sensação de que deveria dar mais. Onde quer que você esteja no espectro — com abundância ou escassez financeira, com um orçamento organizado ou sem orçamento algum —, Jesus tem uma palavra para todos nós: *Mamom*.

Mamom

Mamom refere-se ao "tesouro em que uma pessoa confia".[1] Muitos são rápidos em ressaltar que a Bíblia diz (corretamente, eu acrescentaria) que é o *amor ao dinheiro* — não o dinheiro por si só — que é a raiz de todo mal. Isso está absolutamente correto. Mas, aqui, Jesus nos dá uma perspectiva necessária: o dinheiro não é uma ferramenta passiva; é um deus rival, atraindo-nos para seu templo. Um deus chamado Mamom. Vejamos como Jesus conclui essa parte de seu ensinamento e depois voltemos ao começo:

> Ninguém pode servir a dois senhores, pois odiará um e amará o outro; será dedicado a um e desprezará o outro. Vocês não podem servir a Deus e ao dinheiro.
>
> Mateus 6.24

Jesus afirma que adorar a Deus é um ato exclusivo — você deve adorar a ele e a nada mais. É uma afirmação interessante porque há muitas outras coisas às quais podemos servir ao mesmo tempo. O teólogo dominicano Herbert McCabe observou:

> Todos conhecemos pessoas cuja vida é dedicada ao serviço da erudição, ou que se dedicam à libertação política, ou que estão perdidamente apaixonadas [...] [mas] o que Jesus está dizendo é que, se você está servindo ao dinheiro [...] então é possível que você não esteja servindo a Deus.[2]

Para Jesus, servir a Deus e ao dinheiro ao mesmo tempo é uma impossibilidade. Como escreveu John Wesley, não se pode servir a Deus e a Mamom de forma confortável, consistente e sem ser contraditório.[3]

Para Jesus, o dinheiro está em uma categoria diferenciada porque é poderoso. O dinheiro é um sinal — ou *o* sinal — de poder. Concede acesso como poucas coisas fazem. Determina quem está dentro e quem está fora. As pessoas sacrificam o bem-estar da própria família por dinheiro. A saúde fica comprometida na busca pelo dinheiro. A integridade é abandonada por causa do dinheiro. Limites são ultrapassados por causa do dinheiro. O poder é trocado por causa do dinheiro. Vozes são silenciadas por causa do dinheiro.

O dinheiro tem vida própria, que é estimulada pelos governantes e autoridades do mundo. Portanto, sim, é verdade que o amor ao dinheiro é a raiz de todo mal. No entanto, Mamom tem um poder de sedução que devemos combater.

Quando penso nos possíveis perigos do dinheiro, alguns deles vêm à tona.

O dinheiro pode consumir nossa vida

A primeira coisa que observo é como o dinheiro rapidamente se apodera de nossa vida. Liev Tolstói, o grande romancista russo, capturou essa verdade em seu conto *De quanta terra precisa o homem?*[4]

Na história, um camponês deseja muito mais do que aquilo que possui. Um dia, ele recebe uma oferta boa demais para ser verdade. Por apenas mil rublos (atualmente, cerca de sessenta reais), ele pode comprar toda a terra que seu coração deseja. O acordo é que toda a terra pela qual ele percorrer em um dia se torne dele *se* ele voltar ao ponto de partida antes do pôr do sol.

No dia seguinte, o homem caminha rapidamente para cobrir a maior extensão possível. Ele fica exaurido de tanto caminhar, mas, a cada passo, seu território aumenta. Algumas horas mais tarde, ele percebe que está bem longe do ponto de partida, por isso começa a correr.

À medida que vai anoitecendo, o fazendeiro fixa os olhos no ponto de partida. Sabendo que está prestes a possuir toda a terra que percorreu, ele atravessa a linha de chegada com grande esforço antes do pôr do sol. Tragicamente, alguns minutos depois de chegar ao ponto de partida, ele cai ao chão e morre. Seus servos cavam uma cova de 1,80 metro de comprimento e 90 centímetros de largura. Então, de quanta terra precisa o homem? Apenas do suficiente para ser enterrado. (Por favor, não conte essa história para seus filhos na hora de dormir!)

Aqui está o princípio: Se investimos a melhor parte de nossa energia e paixão para obter riquezas, isso acaba por nos dominar. Quando nossa vida é consumida pelo dinheiro e pelo que ele pode nos proporcionar, acabamos por servir a ele para nossa própria ruína. Nossa vida deve ser cativada pela atenção amorosa a Deus. Nossas decisões devem ser guiadas pelo testemunho interior do Espírito. Nossa ética deve ser moldada pelos valores do reino.

Antes de Jesus nos advertir contra o Senhor Dinheiro, ele fala sobre nossos olhos:

> Quando os olhos são bons, todo o corpo se enche de luz. Mas, quando os olhos são maus, o corpo se enche de escuridão. E, se a luz que há em vocês é, na verdade, escuridão, como é profunda essa escuridão!
>
> Mateus 6.22-23

O contexto aqui não tem nada a ver com materiais ilícitos relacionados ao sexo, mas com a busca insaciável por dinheiro. Olhos bons têm o foco na busca pelas prioridades de Deus. Olhos maus têm o foco na prioridade do deus dinheiro. Jesus deseja que você viva com a visão nítida, não com a visão turva.

O dinheiro turva o julgamento moral

Seja na traição de Jesus por Judas ou na criação de condições para uma recessão por grandes corporações movidas pela ganância, o dinheiro tem a capacidade de turvar o julgamento. Lembro-me de uma conversa que tive com um colega pastor. Sua notoriedade cresceu rapidamente por causa de sua capacidade de falar com clareza moral sobre questões polêmicas, tendo as Escrituras como parâmetro. Sua voz profética não era aceita por todos, mas ele estava cada vez mais recebendo convites para falar sobre diversos temas em espaços grandes e com muito dinheiro. Ele conseguiu um contrato para publicar um livro e comprou uma casa. Mais tarde, compartilhou o medo que tinha de não conseguir pagar a hipoteca se ofendesse as pessoas erradas.

Meu amigo Steve compartilhou uma história semelhante de um mentor de confiança. Depois que Steve comprou uma casa, seu mentor o advertiu de que adquirir uma casa com muita facilidade leva à diluição do próprio dom profético. Por quê? Porque falar a verdade ao poder às vezes significa que o conforto que o dinheiro proporciona está em risco. Isso é algo que considero todas as semanas. Quando eu estava passando por dificuldades financeiras, eu não tinha reservas com relação a falar a verdade. Quando alcancei estabilidade financeira, percebi uma hesitação recém-descoberta no sentido de falar sobre coisas delicadas.

Quando o dinheiro se torna o objetivo de nossa vida, começamos a dizer coisas (ou a deixar de dizê-las) em vez de obedecer a Jesus. Quando isso acontece, nossas convicções morais passam a ser influenciadas por um poder que não pertence ao reino de Deus.

O dinheiro prejudica relacionamentos

Poucas coisas dividem as pessoas como o dinheiro. Casamentos são muitas vezes prejudicados por causa da incapacidade que o casal tem de lidar com todos os fatores estressantes e valores implícitos que o dinheiro revela. Quando transações envolvendo dinheiro ocorrem entre amigos, é introduzida uma dinâmica sutil que tem o poder de mudar a relação para sempre. E, sem dúvida, o dinheiro tem a capacidade de alterar nossa perspectiva sobre as pessoas, levando-nos a tratar algumas com favorecimento enquanto ignoramos outras.

No primeiro século, o dinheiro criou uma cultura de elitismo hierárquico que prejudicou o testemunho da igreja primitiva.

O apóstolo Tiago escreveu estas importantes palavras que ainda são necessárias dois mil anos depois:

> Meus irmãos, como podem afirmar que têm fé em nosso glorioso Senhor Jesus Cristo se mostram favorecimento a algumas pessoas? Se, por exemplo, alguém chegar a uma de suas reuniões vestido com roupas elegantes e usando joias caras, e também entrar um pobre com roupas sujas, e vocês derem atenção ao que está bem vestido, dizendo-lhe: "Sente-se aqui neste lugar especial", mas disserem ao pobre: "Fique em pé ali ou sente-se aqui no chão", essa discriminação não mostrará que agem como juízes guiados por motivos perversos?
>
> Tiago 2.1-4

Jesus veio para estabelecer uma comunidade humana que se nega a atribuir valor às pessoas com base na riqueza. Em Cristo, a parede divisória que via alguns como dignos, e outros, como indignos foi efetivamente destruída em sua morte e ressurreição. O deus dinheiro ainda prospera hoje, prometendo *status* e favor, mas Deus nos deu muitas defesas. Uma das defesas que pode surpreendê-lo é o batismo, que pode parecer não ter nada a ver com o tema da riqueza. Desde a concepção da igreja, o batismo é um ato contracultural que une os cristãos e combate a influência de Mamom.

Quando fui batizado aos vinte anos, minha igreja não me deu uma camiseta com seu logotipo nela. Em vez disso, recebi uma longa veste branca. Era como se eu estivesse me formando no ensino médio de novo. A veste batismal significava que eu havia me tornado puro e novo em Jesus. A isso, eu digo: "Amém!".

Todos os batizados de minha igreja recebiam a mesma veste branca, o que significa que o batismo não é simplesmente um ato de devoção individual; é o que cria a identidade comunitária. Independentemente do que você esteja usando no dia de seu batismo (seja um terno caro ou roupas surradas), você troca essa roupa por uma veste com a qual todos parecem iguais. Isso não elimina sua qualidade de ser único, mas celebra o fato de que vocês são iguais diante de Deus. É uma confirmação física de uma realidade espiritual: somos todos um em Cristo.

Servir a Deus é acabar com hierarquias superficiais que conferem valor a algumas pessoas, mas não a outras. Servir a Mamom é atribuir valor e dignidade com base em contas bancárias, casas, carros e realizações. Graças a Deus, Jesus nos conduz a algo muito mais belo.

A questão é: O que significa para nós ajoelhar-nos diante de Jesus nessa área? Sugiro três coisas: generosidade, simplicidade e economia sabática.

Generosidade

Uma das principais maneiras pelas quais podemos denunciar Mamom é repartindo o que temos com os outros. Isso não significa que não possamos poupar ou investir, mas, toda vez que usamos nosso dinheiro para servir ao próximo, damos outro passo no caminho de Jesus. Em outras palavras, a generosidade se recusa a sair do caminho estreito para se aventurar no deserto egoísta do caminho largo.

Aqui está uma verdade importante no reino de Jesus: a generosidade não é uma estratégia de retorno sobre investimento. Não ofertamos para dobrar nossa renda; ofertamos porque Deus foi gracioso conosco e nos chama a servir ao nosso próximo. Ao contrário de muitos pregadores da teologia da prosperidade que vendem a generosidade como uma iniciativa para rápido enriquecimento, ser generoso não é algo que controla a mão de Deus; é o ato de abrir nossa mão.

Ao longo de minha vida, houve momentos em que fui generoso com meu dinheiro e notei, depois disso, uma provisão financeira. Houve momentos também em que não ofertei com generosidade, e Deus, mesmo assim, me abençoou. A generosidade não manipula a graça de Deus; trata-se de viver livre de apego aos bens. Como diz Jesus no Sermão do Monte, Deus "dá a luz do sol tanto a maus como a bons e faz chover tanto sobre justos como injustos" (Mt 5.45). Em outras palavras, nossa bondade não obriga Deus a ser bom. Ele é bom porque ele é bom.

Todo domingo na New Life Fellowship, recitamos uma oração de generosidade. Ela nos faz lembrar todas as semanas da provisão de Deus, da natureza enganosa de Mamom e de nosso dever de gerir nossos bens em prol do reino. Aqui está:

> Pai, tu dás com abundância.
> Não há nada que não tenhamos recebido de ti.
> O caminho de teu reino é o caminho da generosidade.
> Ajuda-nos a honrar-te com nossos recursos.
> Livra-nos do engano das riquezas.
> Conduz-nos pelo caminho da generosidade.
> Para tua glória, Senhor, para a abundância de nossa própria
>   vida e para o bem dos outros. Amém.[5]

Toda vez que recito essa oração com atenção, obtenho uma nova perspectiva sobre o dinheiro. Preciso dessa perspectiva porque, para ser honesto, lá no fundo tenho medo de não ter o suficiente. Você se identifica? Jesus entende isso e, felizmente, logo após essa seção sobre o tesouro, ele ensina sobre a preocupação e a ansiedade. (Falarei mais sobre isso no próximo capítulo.)

Poucas coisas produzem mais ansiedade do que o dinheiro. É fácil acreditar que a ganância e a acumulação de dinheiro têm raízes no egoísmo. Muitas vezes, na verdade, são sintomas do medo. Alguns de nós se apegam ao dinheiro porque têm medo de não ter nada. Talvez você tenha crescido em um lar com dificuldades financeiras. Você sofreu dores e dificuldades. Agora, você carrega em seu íntimo um roteiro de escassez, acreditando que os recursos estão sempre por um triz. Algo em seu coração o adverte que abrir mão de seus bens é a receita para a pobreza. Como pastor, já tive conversas francas com pessoas que eram muito bem-sucedidas, mas que, por causa das dificuldades enfrentadas por pais imigrantes, vivem com muito medo de que, um dia, também possam perder tudo.

A generosidade, que varia de pessoa para pessoa, faz parte do caminho estreito. Jesus quer que você veja que a garantia de seu bem-estar não está em aquisições, mas em renúncias. Confie nele quanto a isso.

Simplicidade

Quando Rosie e eu decidimos nos concentrar em ficar livres das dívidas de cartão de crédito, tudo começou com a simplicidade. Sabíamos que tínhamos de viver dentro de nossos recursos, o que significava abandonar a postura despreocupada que tínhamos em relação aos gastos. Significava também que tínhamos de nos desfazer de algumas coisas — especialmente móveis caros — que nos colocaram nessa situação em primeiro lugar.

Quando nos casamos, nós dois gostávamos dos móveis da Pottery Barn, mesmo só tendo dinheiro para comprar em lojas de artigos usados. Esse obstáculo não nos impediu de exibir um sorriso enquanto usávamos os cartões de crédito. Em particular, lembro-me de uma bela escrivaninha de madeira marrom-escura. É claro que custava mais do que nosso aluguel mensal, mas era tão bonita, então a compramos (e, ainda por cima, uma mesa de café e prateleiras!). Eu passava lustra-móveis na superfície daquela mesa de dois em dois dias. Ela estava sempre brilhando!

Mais tarde, quando nos vimos sobrecarregados com o peso das dívidas, soubemos que tínhamos de simplificar nossa vida, então começamos a vender os móveis de que não precisávamos. Minha adorada escrivaninha foi o primeiro item do qual decidimos nos desfazer. Nunca me esquecerei do dia.

Postamos uma foto dela no site de classificados on-line chamado Craigslist. Eu tinha certeza de que ninguém iria comprá-la pelo preço que estávamos pedindo, mas, para minha surpresa, em menos de trinta minutos uma mulher respondeu, dizendo que estaria em nosso apartamento dentro de duas horas. Comecei a sentir uma grande tristeza.

Ela chegou com uma assistente pessoal e fez o pagamento, mas a assistente precisou de ajuda para pôr *minha* querida escrivaninha da Pottery Barn na van. Eu não só estava perdendo algo que amava, como também tive de segurar aquele item pesado e descer alguns lances de escadas. A simplicidade certamente não é fácil.

Simplicidade não consiste apenas em limitar a bagunça em nossa casa; consiste principalmente em reduzir a desordem em nosso coração. É o compromisso de priorizar o caminho de Jesus. Por isso ele usa as palavras *tesouros* e *coração* nesta seção. Ele diz:

Não ajuntem tesouros aqui na terra, onde as traças e a ferrugem os destroem, e onde ladrões arrombam casas e os furtam. Ajuntem seus tesouros no céu, onde traças e ferrugem não destroem, e onde ladrões não arrombam nem furtam. Onde seu tesouro estiver, ali também estará seu coração.

Mateus 6.19-21

Acumular tesouros no céu não significa que, após a morte, teremos acesso especial a um depósito celestial repleto de joias preciosas, como se fosse algum tipo de esconderijo cheio de tesouros que um pirata como Jack Sparrow poderia ter. Pelo contrário, é uma maneira de dizer que agradar a Deus e não acumular coisas deve ser o que nos motiva. Dale Bruner disse: "Jesus aconselha-nos a fazer com que nossa ambição seja ser bem-sucedidos diante do Pai [...] acumular as recompensas e tesouros de *seu* reconhecimento e estima".[6]

A simplicidade é difícil, mas purificadora. Abrimos mão da desordem em nosso coração para ganhar a liberdade de Deus. Em seu clássico *Celebração da disciplina*, Richard Foster observa dez aspectos da simplicidade que merecem menção:

1. Compre as coisas por serem úteis, não pelo *status* que proporcionam.
2. Rejeite qualquer coisa que esteja criando em você um vício.
3. Crie o hábito de dar coisas.
4. Não aceite ser dominado pela propaganda dos defensores de engenhocas tecnológicas.
5. Aprenda a apreciar as coisas sem ter de possuí-las.
6. Desenvolva um apreço mais profundo pela criação.
7. Olhe com ceticismo positivo para todos os planos do tipo "compre agora, pague depois".

8. Obedeça às instruções de Jesus sobre uma maneira simples e honesta de falar.
9. Rejeite qualquer coisa que gere a opressão de outras pessoas.
10. Evite qualquer coisa que o distraia de buscar primeiro o reino de Deus.[7]

Carrego essa lista em uma de minhas Bíblias como um lembrete para impedir que meu coração seja traiçoeiramente atraído ao dinheiro e aos bens. Algumas das instruções são mais difíceis para mim do que outras (eu gosto muito de engenhocas tecnológicas), mas estou constantemente em uma jornada no sentido de administrar os recursos que Deus me confia.

Economia sabática

Mencionarei uma última maneira de resistir ao poder de Mamom: observar o sábado. O hábito de fazer uma pausa no trabalho — ou seja, de ganhar dinheiro — é uma revolta subversiva contra o deus dinheiro. O sábado cria condições nas quais todos podem descansar da tirania do trabalho.

Sinto-me culpado de ver a observância do sábado como uma prática individual ou familiar que se concentra exclusivamente em nosso bem-estar. E sim, isso é uma parte importante. No entanto, o sábado tem tanto a ver com resistência quanto com descanso — resistir a uma cultura que faz as pessoas morrerem de trabalhar, aproveitando-se do trabalho delas.

Como seguidores de Jesus, não somos apenas chamados a honrar dívidas, fazer bons orçamentos e dar com generosidade. Somos convidados também a criar condições nas quais aqueles ao nosso redor possam descansar de uma cultura de materialismo, consumismo e capitalismo desenfreado. Walter Brueggemann, estudioso do Antigo Testamento, escreveu:

> O caminho de *Mamom* (capital, riqueza) é o dos bens de consumo, que é o caminho do desejo sem fim, da produtividade sem fim e da inquietação sem fim sem nenhum sábado [...] A "escolha dos deuses" é, em contexto, uma escolha entre inquietação e repouso.[8]

Quando guardamos o sábado, optamos por guiar nossa vida para que esteja em torno do Deus que dá descanso, e não do deus (Mamom) que nos deixa inquietos. Isso vale não apenas para nossa vida, mas também para aqueles que estão sob nossos cuidados e liderança.

Não ignore isto: o sábado é um movimento em direção à compaixão social e à justiça. No Antigo Testamento, quando Deus ordena que seu povo descanse, toda a comunidade (incluindo servos e animais) está incluída. Essa é a maneira que Deus usa para proteger seu povo do espírito do faraó, que, sem piedade, fazia os israelitas morrerem de trabalhar. Ironicamente, sem o sábado, o povo de Deus é tentado a recriar aquele ambiente opressivo. Estamos diante da mesma tentação hoje.

Na prática, significa encontrar maneiras inteligentes de formar ambientes justos e equitativos. Significa pagar as pessoas de forma justa. Significa resistir à exploração econômica em nossa comunidade (por exemplo, a gentrificação desenfreada em contextos urbanos que desloca moradores antigos). Significa também criar espaços para que as pessoas possam estar livres do fardo da pobreza. Como diz um de nossos pastores, Redd Sevilla, a Bíblia deixa claro que Jesus ama os pobres, mas não ama a pobreza. O sábado nos lembra de que Deus criou o descanso para todos. E, se não conseguimos descansar, significa que ainda estamos sob o controle do faraó.

Jesus nos desafia a promover conversas mais profundas sobre o modo como o deus dinheiro ajuda ou prejudica as pessoas. Nossa congregação faz parceria com várias outras igrejas no Queens para combater a gentrificação que desloca vizinhos de longa data. Estabelecemos programas para fornecer capital inicial a pessoas com grandes sonhos, mas pouco dinheiro. Seguir fielmente a Jesus nessa área significa que devemos lidar com práticas financeiras nos níveis individual, interpessoal e institucional. Onde estão as pessoas menos favorecidas ao seu redor? Como Deus o está chamando para ajudá-las? Como você pode resistir à opressão de Mamom e levar o alívio revigorante de Jesus — não apenas em oração (por mais importante que isso seja), mas com seu tempo, tesouros e talentos?

Destronando Mamom

Destronar Mamom é uma batalha difícil. Falar abertamente sobre dinheiro é um tabu. O autor Richard Foster observou: "Em uma pesquisa com psicoterapeutas na qual eles listaram coisas que não deveriam fazer com os pacientes, descobriu-se que emprestar dinheiro a um cliente era um tabu mais sério do que tocar, beijar ou até mesmo ter relações sexuais".[9]

Esse é o tipo de poder que o dinheiro tem. E, ainda assim, há um poder maior à sua disposição.

O evangelho de Jesus oferece uma vida que não obedece às ordens de Mamom. O evangelho tem o poder de libertá-lo para Deus e para o caminho do reino de Deus — um reino que redefine o significado real de libertação e valor. No caminho largo, o deus dinheiro o sujeita a uma contínua inquietação em nome do "progresso" e da "realização". No caminho estreito, você pode viver em paz sob o cuidado amoroso de Deus. Não é isso que você deseja? Você não anseia por sossego em vez de inquietação? Jesus lhe oferece isso.

No caminho estreito, o dinheiro começa a perder o domínio sobre sua vida. A princípio, isso pode parecer uma perda esmagadora à medida que você abre mão do controle de seus bens e os disponibiliza aos propósitos do reino. Mas, com o tempo, você celebrará a liberdade que isso traz — para você e para os outros. Usar o dinheiro para o bem, em vez de se permitir ser usado por ele, é uma maneira emocionante de viver.

Enquanto você considera afrouxar seu apego ao dinheiro, é provável que preocupação e ansiedade comecem a surgir em seu íntimo. Graças a Deus, é exatamente sobre isso que Jesus fala em seguida, então vamos segui-lo nessa direção.

9
Nossa ansiedade

Como pai, preocupar-se é um trabalho em tempo integral. Quando me tornei pai pela primeira vez, foi mais ou menos assim:

> Descobrimos que estamos grávidos. (Eu: *Uhuuu!*)
> Começamos a ir às consultas médicas marcadas. (*Está tudo bem?*)
> Cada vez mais perto da data prevista para o nascimento. (*E se a bolsa da minha esposa romper e estivermos presos no trânsito? Eu vou ter que fazer o parto.*)
> O bebê nasce. (*O que fazemos agora?*)
> A criança está dormindo. (*Será que ela ainda está respirando?*)
> A criança começa a engatinhar. (*É melhor colocarmos proteção em todas as tomadas.*)
> A criança não é tão articulada quanto as outras no parquinho. (*Ah, não, meu filho tem desafios de desenvolvimento.*)
> A babá chega. (*Vamos cancelar a saída para namorar à noite.*)

E isso é só nos primeiros dezoito meses!

Muitos anos depois, quem me dera poder dizer que já não tenho essa preocupação. A verdade é que sou um cara preocupado em recuperação. Dizer que estou em recuperação é celebrar o progresso que tenho feito nessa área, mas, em determinado momento, a preocupação pode se manifestar naquilo que os nova-iorquinos conhecem bem como o segundo de

Nova York. (Para quem não está familiarizado com o termo, é o período de tempo entre o semáforo ficar verde e o táxi atrás de você começar a buzinar.)

A preocupação, ou a ansiedade (vou usá-las de forma alternada), faz o mundo girar. É o impulso por trás de grande parte de nossas atividades comerciais e tomadas de decisão. Ela paga as contas dos veículos de notícias e corporações. Nas palavras do falecido jornalista Eric Sevareid, "O maior negócio nos Estados Unidos não tem nada a ver com aço, automóveis ou televisão. É a fabricação, refinamento e distribuição da ansiedade".[1]

A luta contra a preocupação é universal. Vivemos preocupados com nossas contas, nossa saúde, nossos filhos, nosso trabalho, nossos relacionamentos, nossa segurança, nosso futuro, nosso(a) [preencha o espaço]. As preocupações relacionadas à ansiedade continuam a disparar. Em um relatório de 2022, a Associação Norte-Americana de Psicologia detalhou esta notícia alarmante:

> Cerca de sete em cada dez adultos (72%) tiveram impactos a mais na saúde por causa de estresse, incluindo sentir-se sobrecarregado (33%), sofrer alterações nos hábitos de sono (32%) e/ou se preocupar constantemente (30%).[2]

Quase um em cada três adultos é habitualmente ansioso. A boa notícia é que Jesus oferece ajuda. Há uma quebra de seção entre o tópico anterior sobre dinheiro (Mamom) e a preocupação, mas Jesus pretende mostrar como ambos estão conectados. Uma vida que gira em torno de Mamom sempre leva à preocupação. A preocupação não é algo exclusivo daqueles que mal conseguem fazer o dinheiro chegar ao fim do mês; é também uma luta para aqueles que têm mais do que o suficiente. Na verdade, a pessoa que mais se preocupa pode ser aquela que tem mais a perder do que aquela que está buscando o mínimo para conseguir sobreviver.

Nesse clima de ansiedade, Jesus diz: "Não se preocupem com a vida diária, se terão o suficiente para comer, beber ou vestir. A vida não é mais que comida, e o corpo não é mais que roupa?" (Mt 6.25).

Quando Jesus diz aos seus seguidores para não se preocuparem, ele interrompe o ciclo contínuo de "e se" que normalmente domina nossa vida. *Sentir* preocupação e ansiedade é uma parte normal da condição humana; no entanto, *alimentar* a preocupação e a ansiedade leva à escravidão. Não fomos feitos para estar aprisionados dessa forma. E, ainda assim, pode ser muito difícil encontrar a saída.

No outono de 2013, acordei com dor em um dos lados do pescoço e as glândulas inchadas abaixo da linha do queixo. Achei que fosse algum tipo de infecção. Dentro de poucos dias, eu estava com os nódulos linfáticos inchados por todo o corpo, sendo alguns um pouco menores que bolas de pingue-pongue. Além disso, comecei a ter sudorese noturna, perdi o apetite e me senti sem energia. Fui ao médico para fazer exames. Não se chegou a nada conclusivo. Foi aí que minha preocupação *realmente* começou.

Durante vários dias, fiquei remoendo em silêncio tudo o que *poderia* dar errado. Perdi inúmeras horas de sono e mal tinha forças para abrir a Bíblia. Depois de algumas semanas, fui diagnosticado com tuberculose linfática. Quando me lembro daquele período, percebo como era fácil alimentar o monstro da preocupação dentro de mim. Eu tinha preocupações legítimas, mas não deixava ninguém se aproximar e me via resistindo aos recursos espirituais, emocionais e relacionais que tinha à minha disposição.

Remoer possíveis problemas sufoca a vida de muitas pessoas. Jesus sabe disso. Ele conhece o mundo em que você vive — com todas as suas responsabilidades, preocupações, medos e esperanças — e quer que o lugar tenha um pouco de oxigênio. Pronto para respirar novamente? Vamos ouvir Jesus juntos.

Pássaros e flores

Jesus enfatiza três áreas da vida humana: alimento, bebida e roupas. Embora valha a pena examinar esses aspectos da existência, acredito que Jesus os esteja usando como uma forma de abreviar as coisas comuns da vida. Ele está enfatizando as realidades diárias que mais nos preocupam, as coisas de que precisamos para fazer a vida funcionar. Surpreendentemente, Jesus afirma que essas coisas *não* têm nada a ver com a vida. Ele diz: "A vida não é mais que comida, e o corpo não é mais que roupa?" (Mt 6.25). Quando li essas palavras pela primeira vez, percebi um tom desdenhoso em Jesus — um tom que minimiza a situação difícil dos pobres. Para aqueles que se perguntam de onde virá o próximo prato de comida, pode parecer insensível quando alguém com a barriga cheia minimiza a preocupação. Minha intenção não é desdenhar a dor daqueles que lutam para suprir suas necessidades básicas.

Contudo, é sobre Jesus que estamos falando. Olhando para sua vida e ensinamentos como um todo, é óbvio que ele *nunca* desdenharia a situação difícil dos pobres. Em vez disso, ele esclarece que a vida que gira em torno de bens é uma vida de ansiedade. Assim como em suas palavras no Pai-nosso (a Oração do Senhor) sobre o pão de cada dia, Jesus chama seus seguidores a uma vida despreocupada e satisfeita. Ele não está dizendo que alimento, bebida e roupas são irrelevantes; ele está dizendo que não podem ser o mais *importante*.

Uma existência despreocupada

Para defender seu argumento (como o mestre que ele é), Jesus aponta o céu para seus ouvintes. Ele chama seus seguidores para uma existência despreocupada que reflete os hábitos diários dos pássaros. Em vez de preocupação e ansiedade, a espiritualidade despreocupada deve ser uma das características das pessoas que vivem sob o governo e reinado de Jesus.

Para muitos de nós, a palavra *despreocupada* tem conotações negativas. Soa como imprudente e irresponsável. Apresenta a imagem de alguém com a cabeça nas nuvens. Ou comunica a ingenuidade infantil daqueles que evitam o enfado do chamado processo de amadurecimento. Mas, e se o modo despreocupado das crianças for, na verdade, a *chave* para seguir Jesus? E se for possível viver de forma responsável ao mesmo tempo que se rejeita a preocupação? Como chegamos a esse ponto?

Enquanto escrevo isso, um vazamento em um dos canos em nosso porão está causando problemas no aquecedor de água central. É inverno. Está ficando frio. O conserto pode nos custar um bom dinheiro. Mesmo assim, estou me apegando ao ensinamento de Jesus. Precisamos pesquisar e encontrar uma solução, mas Rosie e eu estamos pedindo a graça de confiar isso ao Pai. Note o que não estou fazendo ou sugerindo: não estou ignorando o problema, acreditando que ele se resolverá por si só, nem estou evitando a frustração e a preocupação que isso traz à nossa família. Estou entregando minha preocupação a Deus, confiando que ele proverá.

Jesus nos chama a imitar os pássaros. Você já os observou? Eles voam de um lado para o outro. Pousam em cima de casas e buscam seu pão de cada dia. Não se preocupam, ansiosos, com o amanhã. Sei o que você está pensando: os pássaros têm cérebro pequeno. Eles não têm a capacidade de se preocupar e se afligir. Então, mais uma vez, talvez isto seja o que Jesus está dizendo. Viver sob a provisão de Deus tira o poder da preocupação. Talvez saibamos *demais*. Talvez os pardais tenham percebido isso.

Jesus leva a questão ainda mais longe em sua próxima ilustração. Ele nos chama a observar as flores do campo. Os pássaros procuram ativamente o sustento, sem entrar em pânico, mas as flores apenas permanecem ali. Não ficam acordadas a noite inteira se perguntando se serão vestidas de esplendor botânico; elas simplesmente existem. Deus adorna os campos com beleza e abundância como um lembrete de que, assim como veste as flores, ele nos vestirá também. Podemos deixar de lado nossas preocupações. Podemos parar de lutar. Jesus coloca lembretes de sua provisão ao nosso redor — no ar e no campo —, por isso a pergunta é: estamos prestando atenção?

Contentamento

Há muitas coisas no caminho largo que nos distraem da fidelidade de Deus. Jesus descreve esse caminho, dizendo que os gentios (neste contexto, aqueles que não vivem sob o governo gracioso do reino de Deus) buscam incessantemente as coisas materiais (veja Mt 6.32). Eles são possuídos por bens. Obcecados por objetos. Ansiosos com conquistas. A vida é dominada pela busca dessas coisas. Para Jesus, essa é uma existência trágica.

A preocupação que enche o coração de muitos de nós não

se concentra apenas no que não temos em tempos de escassez, mas também no que não temos em momentos de provisão. É fácil presumir (quando os tempos são bons) que o contentamento virá. Mas não é o caso. Por exemplo, lembro-me de como eu gostava de meu terceiro carro. Comprei meu primeiro carro, um Oldsmobile Royale de 1989, de meu tio. (Falando nisso, não tive desconto de sobrinho.) Era como dirigir um tanque. Depois de três meses, ele parou de vez comigo. Meu segundo carro foi um pequeno Nissan Sentra de 1988, que comprei de um irmão da igreja. (Também não tive desconto de irmão em Cristo.) Era como dirigir um carrinho de brinquedo. Depois de quatro meses, ele também se foi. Economizei dinheiro e comprei um Nissan Altima de 1995. Eu o amava. Tirava várias fotos com ele. Lustrava os pneus. Dava uma piscadela para mim mesmo no espelho retrovisor. Eu me alegrava com a provisão de Deus. Tudo ia muito bem, obrigado, até que encontrei por acaso um amigo que dirigia... um Jaguar. De repente, meu coração cobiçoso desejou *status* e sucesso. Eu também precisava de um Jaguar! (Esse exemplo se repetiu de várias outras maneiras em minha vida.)

O esforço constante para ter mais é algo que introduz ansiedade em nosso organismo. A alternativa, encontrada apenas no caminho estreito, é o contentamento. Contentamento implica viver livre da mentira de que ter mais faz de você algo mais. Seja esse "mais" dinheiro, imóveis, títulos, seguidores em redes sociais ou poder, Jesus nos convida a uma vida desapegada, em que aquilo que possuímos não nos possui. Isso não significa necessariamente que devemos abrir mão de todos os nossos bens, mas, isto *sim*, que devemos desenvolver uma calma indiferença em relação aos bens — uma indiferença que não se exalta nem se deprime quando eles vêm e vão embora.

Como podemos viver dessa maneira? Jesus não nos dá uma fórmula para seguir — aqui não há dez passos para o sucesso. Em vez disso, ele nos mostra uma nova maneira de ver Deus.

Falsas imagens de Deus

As imagens que temos de Deus em nossa mente determinam o grau de preocupação que sentimos na alma. Nenhuma ferramenta ou conjunto de passos, por mais atrativos ou inovadores que sejam, pode nos afastar da preocupação se não vivermos nesta verdade: Deus está conosco e é por nós. Por favor, leia isso mais uma vez. Esse é um dos aspectos mais importantes da vida e dos ensinamentos de Jesus. Ele quer que pensemos em Deus como *Aba*, aquele que é compassivo e está plenamente presente, cuidando de seus filhos.

Em muitas manhãs de sábado, faço panquecas: panquecas deliciosas feitas do zero, como deve ser. Minha família adora essas panquecas! Meus filhos comem tanto que nem consigo contar. É quase como se achassem que o estoque de panquecas nunca terá fim. A confiança deles — de que o papai proverá mais do que o suficiente — me traz à mente estas palavras de Richard Foster ao descrever como é fazer panquecas para os filhos *dele*:

> Nem uma única vez vi meus filhos colocarem algumas panquecas no bolso porque pensaram: "Não sei se posso confiar no papai; é melhor guardar um pouco para ter certeza de que terei panquecas amanhã". No que diz respeito a eles, o reservatório de panquecas era infinito. [...] Tudo o que precisavam fazer era pedir e [...] eles receberiam. Eles viviam alicerçados na confiança.[3]

Quando chega a essa parte do manifesto de seu reino, Jesus quer que saibamos algo sobre Deus: Ele é digno de confiança. Essa é uma verdade que precisamos ouvir repetidas vezes. Nosso Pai tem um estoque infinito de amor e compaixão por nós. Como alguém que cresceu sem muitos recursos financeiros, posso facilmente entrar em um estado de preocupação, acreditando que os recursos de Deus acabarão para mim. Mas veja o encorajamento de Jesus: Deus tem um estoque infinito de bondade destinado a você.

Examinemos algumas das verdades impressionantes sobre a provisão de Deus. Primeiro, as Escrituras ensinam que *a generosidade de Deus se estende a todos*: "Ele dá a luz do sol *tanto* a maus *como* a bons" (Mt 5.45). Deus é um pai misericordioso e perdoador que derrama amor tanto sobre o filho pródigo quanto sobre o filho que se diz virtuoso. Jesus dedicou sua vida à tarefa de mostrar como é Deus. Quando olhamos para ele, contemplamos o Pai. Ele quer se certificar de que o mundo conheça o cuidado e a preocupação que permeiam o coração de Deus.

Segundo, embora seja infinito em conhecimento e poder, Deus cuida dos detalhes de sua criação. Em vez de observar friamente o cosmos, o Criador cuida dele com amor. Até mesmo os passarinhos, insignificantes na amplidão do universo, são alimentados por seu Pai celestial (veja Mt 6.26). O Deus invisível estende as mãos cósmicas para alimentar pombos. O mesmo se aplica à grama e às flores: cada folha e pétala é feita à mão e sustentada pelo Provedor. Assim como faz pelos pássaros e pela flora, Deus ativamente sustenta nossa vida. Na verdade, ele está *muito mais* envolvido conosco.

Você tem uma imagem falsa de Deus — uma imagem que nega que ele possa prover? Lembre-se de que ele *tem prazer* em prover! Por meio das palavras de Jesus no Sermão do Monte, o Espírito Santo pode corrigir as imagens falsas de Deus que distorcem nossa realidade. Gosto muito do modo como o autor Brennan Manning coloca a questão:

> O Espírito de Deus é a pessoa mais capacitada para desmascarar ilusões, para destruir ícones e ídolos. O amor de Deus por nós é tão grande que ele não permite que acolhamos imagens falsas, por mais apegados que sejamos a elas. Deus nos despe dessas falsidades, por mais nus que possamos ficar com isso, porque é melhor vivermos nus na verdade do que vestidos na fantasia.[4]

Sei como é ter na mente imagens de Deus que não se alinham com o que Jesus ensinou e incorporou. Tive um pastor de jovens que tinha uma habilidade esquisita (se é assim que você quer chamá-la) de discernir *por que* uma pessoa estava passando por dificuldades. Sua fórmula era bem simples: se algo ruim acontecesse com uma pessoa, ele afirmava que o julgamento de Deus estava sobre ela. Se um irmão da igreja ficasse doente, essa pessoa "profética" explicava: "É isso que acontece quando você deixa de ir à igreja". Eu ficava paranoico achando que, se eu pecasse, Deus se voltaria contra mim e me esmagaria sob seu dedo celestial.

As imagens que carregamos vivem lá no fundo de nosso subconsciente. De fato, eu as descobri de maneiras surpreendentes. Quando meu filho de dois anos foi hospitalizado com convulsões febris, uma das primeiras coisas que pensei foi: *Meu filho está doente porque não orei o suficiente.* Sei que isso não é verdade. Ainda assim, essa imagem de um Deus punitivo estava guardada lá no fundo e veio à tona em uma situação de grande estresse. Quando tive um estranho caso de tuberculose nos linfonodos, eu me perguntei se aquilo era algum tipo de punição divina.

Não fico remoendo essas imagens e roteiros de forma consciente, mas eles vivem em mim. Lá no fundo. Por meio de práticas de formação espiritual e discipulado, essas mentiras podem ser erradicadas de nossa teologia. Talvez você carregue preocupações e ansiedades sobre a postura de Deus em relação a você. Fiz isso durante anos. Devagar, mas com certeza, percebi que Jesus não causa preocupação; ele a remove. Ele deseja fazer o mesmo por você.

Jesus quer que você o conheça como alguém afável, não aterrorizante; cruciforme no amor, não caprichoso; compassivo, não condenador; atencioso, não indiferente. Talvez você tenha vivido por muito tempo com uma imagem de Deus na cabeça que causa ansiedade. Contemple Jesus e a ternura dele. Hoje, você pode começar uma nova jornada no sentido de ver Deus. O amor de Deus por você é firme e incansável.

A triste verdade é que a preocupação rouba tempo. Jesus diz: "Qual de vocês, por mais preocupado que esteja, pode acrescentar ao menos uma hora à sua vida?" (Mt 6.27). Tradução: Pare de se preocupar e comece a aproveitar. Quanto mais você se preocupa, menos tempo você tem. De maneira prática, Jesus não apenas diz que devemos deixar de nos preocupar; ele nos diz que devemos buscar seu reino.

Busque, em primeiro lugar, o reino

Jesus diz: "Busquem, em primeiro lugar, o reino de Deus e a sua justiça, e todas essas coisas lhes serão dadas" (Mt 6.33). O que significa buscar o reino? E como essa busca leva a uma existência sem preocupações?

Já vi muitas pessoas interpretarem essa exortação da seguinte maneira: *Ponha Deus em primeiro lugar e tudo o mais entrará nos eixos.* Parece bom, mas, na prática, geralmente significa orar mais, ir à igreja e ler a Bíblia (coisas que incentivo as pessoas a fazerem toda semana). Muitas vezes, fico desconfortável quando ouço as pessoas dizerem que estão "pondo Deus em primeiro lugar", porque muitas vezes significa fazer coisas espirituais externas sem reestruturar o sistema maior que forma nossa vida. Aprendi que é possível "manter Deus em primeiro lugar" e ser racista; "manter Deus em primeiro lugar" e sucumbir à ganância; "manter Deus em primeiro lugar" e adotar as lentes pelas quais o mundo vê o sucesso. Claramente, não é isso que Jesus quer dizer.

À medida que me dedicava aos ensinamentos de Jesus como um todo no Sermão do Monte, comecei a perceber o que acho que ele estava querendo dizer. Buscar, em primeiro lugar, o reino de Deus é ter todo o nosso sistema de valores transformado, ou, pelo menos, questionado.

É ver Deus sob uma nova luz — marcada pelo cuidado compassivo.

Significa ver nossos bens através de uma nova lente, como dádivas a serem compartilhadas e administradas para que outros sejam abençoados, em vez de coisas a serem acumuladas.

Significa olhar para a vida com uma nova perspectiva, vendo-nos como filhos amados, não como objetos sem rosto e sem nome.

Uma das maneiras de buscar o reino de Deus é identificar como buscamos outros reinos e estratégias enquanto nos esforçamos para ter a vida boa. Por exemplo, quando Rosie e eu nos sentamos para fazer nossa reunião mensal de finanças domésticas (a reunião mais desafiadora do mês por causa de tudo o que o dinheiro representa), começamos nosso tempo com oração, pedindo ao Espírito Santo que nos ajude a estar atentos a todas as maneiras pelas quais fomos deformados por nossa família e pela cultura. Quando consideramos todas as necessidades à nossa frente, as contas a pagar e as esperanças que temos, se não tomarmos cuidado, adotaremos maus hábitos. Começamos a gastar de forma impensada. Receosos, retemos a generosidade. No entanto, quando nos afastamos, oramos e nos comunicamos um com o outro, a presença de Deus nos guia e renova nossa confiança.

À medida que nos situamos no mundo e nos caminhos de Deus, a preocupação já não tem domínio sobre nossa alma, e começamos a discernir as dádivas de Deus que já estão à nossa disposição. Com as mãos abertas, nós nos encontramos amparados e carregados pelos braços fortes e amorosos do Pai. Essa é uma imagem que as palavras do querido autor Henri Nouwen me ajudaram a compreender.

Certo dia, Nouwen foi ao circo e passou um tempo com os acrobatas para ver o que isso poderia lhe ensinar sobre espiritualidade. Ele conversou com um trapezista voador. Nouwen estava curioso para saber como eles conseguiam realizar tão bem acrobacias perigosas. Foi assim que a conversa deles se desenrolou:

"Como voador,[*] preciso ter total confiança no meu pegador. O público pode pensar que eu sou a grande estrela do trapézio,

---

[*] Voador refere-se ao trapezista que se balança para a frente e para trás com maior amplitude, saltando de um trapézio para o outro ou realizando saltos mortais e acrobacias no ar. Esse tipo de apresentação é mais arriscada e dinâmica e geralmente envolve dois trapézios com, pelo menos, dois artistas: o voador e o pegador, que apanha o trapezista voador (N. do T.).

mas a verdadeira estrela é Joe, meu pegador. Ele precisa estar ali para me ajudar com a precisão de frações de segundo e me agarrar no ar quando salto em direção a ele." "Como isso funciona?", perguntou Nouwen. "O segredo", respondeu ele, "é que o voador não faz nada e o pegador faz tudo. Quando voo em direção a Joe, eu só tenho de estender os braços e as mãos e esperar que ele me agarre e me puxe com segurança para trás da barra de captura." "Você não faz nada!", exclamou Nouwen, surpreso. "Nada", repetiu Rodleigh [...] "O voador deve voar e o pegador deve agarrar, e o voador deve confiar, com os braços estendidos, que o pegador estará ali para ajudá-lo."[5]

Jesus está nos dizendo que o Pai é nosso pegador. Nossa vida está segura em suas mãos providenciais. Mas, primeiro, devemos renunciar os valores do mundo que se opõem ao reino de Deus.

Renunciar o sistema de valores do mundo é desconcertante. Fazer com que nossa vida gire em torno de Jesus e de seu reino pode não parecer prático. Mas grande parte de nossas preocupações não resulta de nos apegarmos ao modo como o mundo define felicidade e sucesso? Então, eu gostaria de fazer as seguintes perguntas:

- Quem ou o que está moldando sua definição de importância?
- Quais ações, decisões, posturas e hábitos específicos ajudarão você a buscar o reino de Deus neste tempo? Seja o mais específico possível.
- Como você está buscando o reino do mundo em vez de buscar o reino de Deus?

Jesus o convida a tomar o caminho estreito, onde você pode viver com tranquilidade, confiante na provisão de Deus. Além de suas necessidades físicas, uma provisão mais profunda para a alma também está à sua disposição. A graça de Deus pode moldá-lo para que viva como filho de Deus, plenamente contente com as dádivas que ele lhe deu. Seu Espírito pode moldá-lo para viver de maneira generosa — não segurando ou comparando, mas vivendo com gratidão sob os cuidados de Deus. Assim como Deus faz com os pássaros espalhados pelo céu, ele o convida a entrar no espaço amplo, livre de preocupações, da vida com ele. Não há lugar melhor para estar.

10
Nossos julgamentos

Os seres humanos são máquinas de julgar. Não é por isso que adoramos programas como *American Idol*? Ou talvez eu deva falar por mim mesmo. Passo horas assistindo a esses tipos de programas de calouros porque isso me dá a oportunidade, no conforto de minha própria casa, de escrutinar os outros. Sentar-me no lugar do jurado. Enviar meu voto por mensagem (o que fiz uma vez) e manifestar quem é digno de avançar.

Mas esse não é o único lugar onde o julgamento vem à tona. Ele é uma ocorrência comum e repetida em nossa vida diária. Como nova-iorquino, orgulho-me de fazer belas balizas. Quando vejo alguém com dificuldade para estacionar o carro em uma vaga, suspiro e dou um não de cabeça.

Quando julgamos, nós nos colocamos em uma posição favorável, procurando qualquer vantagem que possamos encontrar para nos elevar. Ou julgamos porque isso faz com que nos sintamos poderosos, mesmo que ninguém mais reconheça nossa superioridade. Nossa rapidez em julgar revela uma lacuna em nossa aprendizagem como discípulos de Jesus.

Em seu livro *Repenting of Religion* [Arrependendo-se da religião], Gregory Boyd conta sobre uma vez em que estava no shopping em uma tarde de sábado, tomando uma Coca-Cola e observando as pessoas. Ele notou sua propensão a julgar casualmente os outros:

Noto que alguns são bonitos, e outros, não. Alguns são esbeltos; outros são obesos. Com base no que vestem, na expressão facial, na maneira como se relacionam com o cônjuge, os amigos ou os filhos, chego à conclusão de que alguns são "religiosos" enquanto outros são "ímpios". Alguns me dão uma sensação acolhedora enquanto observo o modo terno com que tratam os filhos. Outros me deixam com raiva ou nojo.

Então, de repente, me dou conta de que *estou reparando tudo isso*. Após um momento de introspecção, percebo que o julgamento que faço dos outros está me fazendo sentir bem. [...] Está satisfazendo uma necessidade que tenho de me colocar em posição de julgar as pessoas. [...] Gosto de ser aquele que [...] tem a oportunidade de pronunciar o veredicto: Bonito. Feio. Boa forma. Gordo. Temente a Deus. Ímpio. Asqueroso. Gracinha. E assim por diante.

Com essa percepção veio outra que, tenho certeza, foi inspirada pelo Espírito Santo. Lembrei-me de que Jesus ensinou que aonde quer que formos, nossa primeira responsabilidade é abençoar as pessoas [...].

Então, parei. Decidi pensar em uma coisa, e apenas uma coisa, em relação a cada pessoa que vi no shopping naquela tarde: era amá-la e abençoá-la como uma pessoa excepcionalmente criada por Deus que tem valor infinito porque Jesus morreu por ela.[1]

Quanto a você, eu não sei, mas tive uma experiência semelhante. Sou rápido em julgar — apressado em minhas críticas, condenando os outros no íntimo em um instante.

Quando alguém reage contra algo que posto nas redes sociais, minha reação inicial é de julgamento, não de curiosidade. Quando dirijo pelo bairro durante uma temporada de eleições locais ou nacionais e vejo uma placa no jardim de alguém apoiando um candidato específico, faço um não com a cabeça e reviro os olhos. Quando vejo pais incapazes de acalmar ou controlar os filhos, faço suposições injustas sobre a forma como os educam.

É notável como categorizamos rapidamente as pessoas sem conhecer suas histórias — aliás, muitas vezes, sem saber o nome ou qualquer outra coisa a respeito delas. É trágico como uma suposição se transforma em uma declaração totalmente formada sem de fato conhecer o coração de outra pessoa.

Os smartphones e as redes sociais alimentam esse impulso. Apesar de todo o bem que podem fazer, nossos dispositivos têm ensinado muitos de nós a adotarem uma mentalidade de julgamento desumanizadora.

Não gosta de uma linha na biografia de alguém? Julgamento.

Alguém gostou de um artigo que você achou de mau gosto? Julgamento.

Alguém está seguindo uma pessoa que você acha detestável? Julgamento em dobro.

A tentação de julgar está literalmente em nosso bolso.

Julgar os outros é algo comum porque nos ajuda a pôr as pessoas em categorias que nos auxiliam a entender o mundo da maneira como o vemos. Pessoas religiosas, especialmente, tendem a carregar um dualismo simplista que facilita a determinação de quem está dentro e fora do favor de Deus. Mas a humanidade é muito mais complexa do que isso. Todos somos um misto de coisas. Não vemos os outros com a clareza que pensamos ter. Seja tomando parte de um perfilamento racial, teorizando sobre a salvação de outra pessoa ou supondo o motivo pelo qual alguém não respondeu ao nosso e-mail, Jesus quer nos ensinar a conter o julgamento.

Em 2015, o centro de pesquisas Barna relatou:

> Um número considerável de jovens adultos tem queixas muito sérias em relação à igreja. Mais de um terço afirma que suas

percepções negativas são consequências de falhas morais na liderança da igreja (35%). E uma grande maioria dos *millennials* que não frequentam a igreja diz que eles veem os cristãos como julgadores (87%), hipócritas (85%), anti-homossexuais (91%) e insensíveis aos outros (70%).[2]

Que trágico é quando a própria coisa que Jesus orienta seus seguidores a evitar é aquilo pelo qual eles são notórios!

Como pastor, de vez em quando converso com membros da congregação que querem que eu julgue *mais*. Em um e-mail, alguém escreveu: "Pastor, precisamos ouvir mais sermões seus sobre o juízo de Deus".

Respondi: "Quase toda semana eu prego sobre o Juiz que foi julgado em nosso lugar".

O membro respondeu: "Eu sei que você prega, mas não *aquele* tipo de juízo".

O que estava acontecendo aqui? Em termos muito simples, essa pessoa queria que eu classificasse o certo e o errado de uma maneira que alimentasse o medo. Esse é o estímulo evangelístico para o julgamento. Mas, se achamos que o evangelho de Jesus só pode ser fielmente proclamado por meio da linguagem do medo, do juízo e da intimidação, estamos redondamente enganados em nosso modo de compreendê-lo. Certamente, há um lugar para advertências. De fato, os profetas do Antigo Testamento, João Batista, Paulo e Jesus oferecem muitas advertências às pessoas que levaram a vida sem demonstrar amor e pensando apenas em si mesmas. O problema é que é fácil imaginar que estamos nos juntando às fileiras dos profetas bíblicos quando pronunciamos julgamento, quando, na maior parte do tempo, isso não passa de farisaísmo.

Nos Evangelhos, Jesus lida com esse impulso de condenar em seus próprios discípulos. Uma vez, enquanto Jesus viajava para Jerusalém, o povo de uma aldeia samaritana se recusa a ser hospitaleiro com ele e os discípulos (o que era uma grande ofensa na cultura antiga). Em resposta, Tiago e João perguntam de forma indiferente: "Senhor, quer que mandemos cair fogo do céu para consumi-los?" (Lc 9.54). Imediatamente, Jesus se vira e os repreende. Essa é uma lição para os cristãos em todas as épocas. Devemos ser conhecidos não por nosso julgamento, mas pela graça que demonstramos; não por nossas censuras, mas por nosso amor; não por nossas críticas presunçosas, mas por nosso discernimento amoroso. Jesus ordena que ajamos assim.

Como evitamos ser juízes? Existem dois tipos de atitudes de julgamento que eu gostaria de examinar: existencial e escatológico. Essas são apenas formas sofisticadas de dizer que não podemos julgar o coração ou o destino eterno de uma pessoa. Observemos brevemente cada uma delas.

Atitude de julgamento existencial
(julgar o coração de outra pessoa)

Não somos Deus. Não conhecemos o funcionamento interno do coração de outra pessoa. Penso no que Deus diz a Samuel enquanto ele estava procurando um rei para liderar Israel: "O Senhor não vê as coisas como o ser humano as vê. As pessoas julgam pela aparência exterior, mas o Senhor olha para o coração" (1Sm 16.7).

Nós nos vemos em muitos problemas quando presumimos conhecer as motivações de outra pessoa. Guardar para si o julgamento não é apenas um ato moral; é um ato teológico porque significa aceitar humildemente que não somos Deus. O principal chamado para os seguidores de Jesus é que se apresentem com amor, verdade e graça, não tirem conclusões sobre a condição interior de outras pessoas.

Atitude de julgamento escatológico
(julgar o destino final de outra pessoa)

Quando Jesus pede que não julguemos, ele não quer dizer que devemos guardar para nós todo o julgamento (o que é humanamente impossível); ele nos instrui a não emitir um julgamento *final* sobre uma pessoa. Mais uma vez, essa prerrogativa é de Deus, não nossa.

A tendência de muitos de nós é fazer afirmações — em voz alta ou mentalmente — sobre quem está salvo e quem não está. Quando Jesus nos pede para não julgar, ele está nos dizendo que não estamos em posição de determinar qual será a condição espiritual final de uma pessoa. Somente Deus é o juiz justo que julgará.

Durante um fórum na Escola de Governo Kennedy da Universidade de Harvard, alguém fez uma pergunta a Billy Graham:

> "Dr. Graham, Jesus disse: 'Eu sou o caminho, a verdade e a vida. Ninguém pode vir ao Pai senão por mim'. Isso não significa que todos os não cristãos, incluindo os judeus, estão indo para o inferno?"
>
> Graham respondeu: "Deus julgará a todos. Esse é um Deus de amor e misericórdia, mas também de justiça. Todos estaremos diante do juízo de Deus, e fico muito feliz em saber que isso compete a Deus e não a mim".

O jovem que fez a pergunta pareceu desapontado. "O senhor poderia nos dizer o que acha que Deus dirá?"

Graham respondeu: "Bem, Deus não me consulta em relação a essas coisas". Desalentado, o jovem foi embora.[3]

Estamos em território perigoso quando ousamos julgar o coração de uma pessoa ou prever o destino final de outra; ainda assim, *há* um tipo de julgamento que Jesus aprova.

Julgar com integridade

Antes de chegarmos ao que é tido como o julgamento aprovado por Deus, Jesus faz uma advertência: "Pois vocês serão julgados pelo modo como julgam os outros. O padrão de medida que adotarem será usado para medi-los" (Mt 7.2). Em outras palavras, o que vai, volta.

Jesus sabe que, em um nível puramente humano, toda vez que alguém condena ou faz um julgamento severo a outro, é provável que esse julgamento volte com grande força. Por exemplo, alguém que está sempre criticando os outros fatalmente *será* criticado. Em um nível mais profundo (e eterno), o padrão de Deus para nos julgar se baseia no modo como tratamos os outros. Pergunte a si mesmo: *Até que ponto estou sendo severo quando julgo os outros em meu coração e mente?* Isso deve moderar nossa atitude de julgamento, porque, em algum momento, nesta vida ou na próxima, nosso dia chegará.

Além da advertência, Jesus menciona por que nossos julgamentos muitas vezes são maus: julgamos os outros sem ter uma visão clara. Pior ainda, julgamos os outros com tábuas enormes em nossos olhos.

NOSSOS JULGAMENTOS   155

Ele pergunta: "Por que você se preocupa com o cisco no olho de seu amigo enquanto há um tronco em seu próprio olho?" (Mt 7.3). Preste muita atenção no princípio: julgamento que não começa consigo mesmo é hipocrisia. Um termo que resume esse princípio é *autoexame*. Se você realmente deseja evitar a armadilha da hipocrisia e da atitude severa de julgamento, esse conceito irá ajudá-lo imensamente.

Howard Thurman, líder do movimento pelos direitos civis e mentor espiritual de Martin Luther King Jr., compartilhou um episódio que capta bem esse conceito. Um dia, enquanto estava em uma universidade para dar uma palestra de verão, um dos participantes se queixou de que não conseguia dormir porque o colega de quarto roncava muito. O homem bateu à porta de Thurman, irritado com o volume irritante do ronco do colega. Ele continuou a fazer piadas com o ronco, sugerindo até que, se a esposa do homem ainda não o tinha repreendido, isso daria a entender que ela também deveria roncar tão alto quanto o marido.

Thurman disse ao homem que havia uma cama extra em seu quarto e que ele poderia dormir lá. Agradecido, ele aceitou a oferta. O homem queixoso foi dormir primeiro, e Thurman se acomodou para uma noite de leitura. Thurman disse que (como já você deve ter imaginado) logo depois "começou — o ronco mais marcante e forte que eu já tinha ouvido na vida".

Thurman teve de sair do quarto e dormir em outra parte da suíte. Quando o homem queixoso acordou e viu Thurman em um sono profundo, ele respondeu: "Ah, não! Não me diga. Nunca mais vou me irritar por causa de gente que ronca".

Thurman resume a história com estas palavras: "É muito fácil julgar o comportamento dos outros, mas muitas vezes é difícil perceber que todo julgamento é um julgamento de si mesmo. [...] O que condeno nos outros pode ser apenas um reflexo de mim mesmo em um espelho".[4]

O autoexame, feito com um espírito de humildade, pode coibir grande parte de nossa atitude de julgamento. Quando focamos nossa atenção em nossa própria integridade e inconsistências, nossa alma se molda de maneira a ver com maior precisão. Certamente, há um lugar para a correção e a tentativa de ajudar alguém a crescer (falaremos sobre isso em breve), mas a ordem é importante.

Penso nestas palavras de Abba Joseph, o padre do deserto: "Como posso julgar quando não conheço toda a verdade sobre mim mesmo?".[5] É isso que Jesus quer que vejamos.

Crescer nessa área requer muita prática. Não precisamos de um seminário para aprender a julgar os outros; é algo que fazemos naturalmente. O autoexame é um trabalho árduo. Para ajudá-lo nisso, eu gostaria de sugerir três perguntas para reflexão:

1. *Onde estou falhando quando o assunto é viver de acordo com um padrão que espero dos outros?* (falha)
2. *Como me beneficio da paciência e da graça de Deus (e dos outros) neste momento?* (perdão)
3. *Em minha vida, quem pode me ajudar a ver alguns de meus pontos cegos?* (amizade)

Uma vez que o tronco em seu próprio olho é removido, o problema que vemos no próximo parece ser apenas um cisco. Jesus não está dizendo que aqueles ao nosso redor não têm problemas sérios para os quais precisam de orientação e direção, mas, à luz de nosso autoexame, os problemas dos outros são colocados em perspectiva. O julgamento que fazemos dos outros, então, vem de um lugar de humildade, não de orgulho.

Aprendendo a reter o julgamento

Como nos tornamos pessoas que seguem os ensinamentos de Jesus sobre o julgamento? Todos os dias, em nossas interações com os outros — pessoalmente e nas redes sociais —, temos muitas oportunidades para reter o julgamento na prática, mas é fácil entrar na cultura do cancelamento e fazer mexericos. Sugiro três coisas: desenvolver a linguagem da "curiosidade", resistir a hierarquias de pecado e estudar a Oração do Exame.

Desenvolver a linguagem da "curiosidade"

Em *Emotionally Healthy Relationships* [Relacionamentos emocionalmente saudáveis], Pete e Geri Scazzero sugeriram a expressão "Fiquei curioso" para nos ajudar a reduzir o julgamento. Uma vez que os seres humanos são máquinas de julgar, somos rápidos em pressupor o pior sobre os outros, mas, ao adicionarmos *curiosidade* ao nosso vocabulário, interrompemos os julgamentos no mesmo instante. Os Scazzero escreveram sobre curiosidades:

- Nós as usamos quando não queremos fazer suposições negativas sobre as pessoas, especialmente quando não temos todas as informações.
- As curiosidades impedem-nos de tirar conclusões precipitadas e interpretar de forma negativa o que está acontecendo ao nosso redor.

- As curiosidades dão-nos a oportunidade de diminuir o ritmo e fazer perguntas em vez de julgamentos.
- *Curiosidade* é uma palavra carinhosa.[6]

Usamos essa linguagem em nossa congregação há mais de duas décadas, e ela nos ajuda a contornar muitos problemas.

Apresentarei alguns cenários que ajudarão você a ver como a linguagem da curiosidade cria uma abordagem mais eficaz.

Situação nº 1: Você enviou um e-mail importante para uma pessoa há uma semana, mas ela ainda não respondeu. Instintivamente, você forma uma opinião negativa sobre ela. Talvez pense que ela o está evitando ou que você não é uma prioridade para ela. Talvez ela seja preguiçosa ou irresponsável. Você conta para si mesmo todos os tipos de narrativas — que levam a um julgamento severo — sobre essa pessoa.

Qual é a alternativa? Pode ser tão simples quanto enviar outro e-mail para retomar o contato ou mencionar seu dilema pessoalmente quando você vir a pessoa. Você poderia dizer algo neste sentido: "Enviei um e-mail há uma semana. Fiquei curioso para saber por que ainda não tive um retorno. Você poderia me dar um retorno assim que possível?". Sei como isso pode soar mecânico a princípio. Na verdade, isso pode parecer passivo-agressivo para você (dependendo de seu tom, pode ser), mas você está dando a alguém a oportunidade de explicar sem tirar conclusões precipitadas. Pode ser que a pessoa com quem você entrou em contato estava viajando ou tenha tido uma semana ocupada, e os e-mails se acumularam. De qualquer forma, você está diminuindo o ritmo para entender melhor a situação.

Situação nº 2: Você pede ao seu colega de quarto para levar o lixo para fora. Ao chegar em casa mais tarde naquele dia, você vê que o lixo ainda está no mesmo lugar. Imediatamente, você o julga em seu coração. Ele é preguiçoso, esquecido e desatencioso. Ao vê-lo, suas palavras são breves e ríspidas.

Qual é outra forma de lidar com isso? Ao chegar em casa, você vê o lixo. Você respira fundo, reconhecendo a força do julgamento que começa a se formar em você. Você envia uma mensagem de texto: "Oi, fiquei um pouco curioso quando vi que o lixo ainda está aqui. O que aconteceu?". Seu colega de quarto pode responder com uma razão legítima para ter esquecido. Ou ele pode reconhecer o erro, pedir desculpas e se comprometer a se empenhar mais. Contudo, a expressão "fiquei curioso" o ajuda a evitar o caminho do julgamento.

Mais uma vez, esse tipo de linguagem pode parecer forçado, mas, quanto mais você o utiliza, mais resultados positivos ele trará. Como eu disse, nós usamos essa linguagem em nossa congregação há décadas, e ela tem moldado nossa cultura de maneiras positivas.

Resistir a hierarquias de pecado

Já notou como o pecado de outra pessoa normalmente parece pior do que o nosso? É muito fácil julgar a fraqueza de outra pessoa segundo nossa própria força naquela área. No entanto, *todos* somos fracos de maneiras diferentes. Os seres humanos gostam de criar hierarquias de pecado que classificam alguns como menores e outros como maiores.

A autojustificação é um estímulo poderoso; é nossa maneira de manter um senso de controle. Certamente, nem todos os pecados são iguais em termos de impacto. Existem gradações nos efeitos do pecado. Uma pessoa gananciosa não tem o mesmo impacto que uma nação gananciosa. Ter um caso extraconjugal causa consequências relacionais muito maiores do que um pensamento lascivo que dura um segundo. Portanto, sim, o pecado cria diferentes tipos de consequências, mas eu gostaria de me concentrar aqui no perigo de *classificar* pecados — geralmente de uma maneira que desonra os outros e nos isenta — e no modo como o reino de Jesus opera em um paradigma totalmente diferente.

Criar hierarquias é algo explicitamente rejeitado por Jesus, como vemos na dura repreensão que ele faz aos líderes religiosos que priorizam a obediência em algumas áreas e negligenciam outras. Ele diz:

> Que aflição os espera, mestres da lei e fariseus! Hipócritas! Têm o cuidado de dar o dízimo da hortelã, do endro e do cominho, mas negligenciam os aspectos mais importantes da lei: justiça, misericórdia e fé. Sim, vocês deviam fazer essas coisas, mas sem descuidar das mais importantes.
>
> Mateus 23.23

Nesse diálogo, Jesus rejeita a visão limitada dos líderes religiosos, a qual era meticulosa em se tratando de minúcias e negligente com questões mais importantes. Com sua bondade, ele nos desvia desse tipo de espiritualidade desequilibrada, mesmo que, ao fazê-lo, ele cause certo desconforto no início. Seguir o caminho estreito significa renunciar qualquer sistema que justifique nosso próprio pecado ao exagerar o pecado dos outros. Sermos honestos no modo como vemos a nós mesmos é o único caminho para a liberdade. Junto com o apóstolo Paulo, confessamos: "Eu sou o pior de todos [os pecadores]" (veja 1Tm 1.15).

Na vida diária, isso significa que devemos estar atentos às "listas de pecados" que criamos. Essas listas, que giram em torno de nossas vinganças pessoais, revelam nossa visão de

Deus e aquilo com que pensamos que ele se importa. Você pode estar focado em ética sexual, indiferença para com os pobres, acrimonia em relação a oponentes políticos ou algum outro problema. Há momentos para protestos proféticos, mas, antes de tudo, Jesus nos convida a examinar nosso próprio coração e reconhecer o pecado que ali reside.

Estudar a Oração do Exame

Se você me conhece, sabe que amo a Oração do Exame, uma prática espiritual que me ajuda a recapitular meu dia em oração. Em algumas tradições, esse momento de pausa e reflexão ocorre ao meio-dia e antes de ir para a cama à noite. É um enfoque da espiritualidade que centraliza a presença de Deus e nos ajuda a levar uma vida constante de confissão e arrependimento (duas coisas que afrontam a atitude de julgamento).

Fazer um retrospecto do dia pode ser difícil, especialmente quando fomos impacientes ou inconsequentes, mas isso nos dá a oportunidade de receber graça por nossas falhas, e força para o dia que temos pela frente. Quando pratico a Oração do Exame, uso estas quatro perguntas:

1. Eu vi alguém através dos olhos do amor de Cristo hoje?
2. Coloquei meus pensamentos ansiosos diante de Deus em oração?
3. Estive na presença de Deus em silêncio?
4. Há algum pecado que tenho de confessar e pelo qual pedir perdão a Deus?

Ao praticar essa simples oração, aprendi que, quando começo a sondar meu próprio coração, tenho menos tempo para encontrar defeitos nos outros.

Reter o julgamento faz parte do caminho estreito de Jesus, e poucos o escolhem. Por quê? Porque ele nos faz lembrar de que há Alguém que detém o julgamento final. Quando escolhemos o autoexame em vez de julgar, confessamos com nossa vida que não vemos como Deus vê. Portanto, com humildade, entregamos nossos veredictos Àquele que julga com justiça.

É comum que muitas pessoas vejam o julgamento de Deus como uma má notícia. Mas, em Cristo, vemos que essa é a melhor notícia do mundo. Ao contrário do julgamento humano, o julgamento de Deus é totalmente preciso, amoroso e sábio. Deus é firme contra o mal. Ele é compassivo além de qualquer medida. Seu julgamento está sempre no contexto da graça. Não sei exatamente como ele julgará o mundo na plenitude de sua sabedoria, mas, ao olhar para Jesus, só posso concluir que seu julgamento estará enraizado no tipo de amor que cura e redime. E, uma vez que não temos acesso aos caminhos sábios de Deus, somos chamados a confiar nossa vida (e a dos outros) ao seu caráter perfeito.

11
Nossas decisões

"Pastor Rich, sem querer ofender, mas a vida já é difícil e corrida como é. Agora você quer que eu, misteriosamente, descubra a vontade de Deus para a minha vida? Eu não faço ideia de como fazer isso."

Esse foi o *feedback* sincero que recebi de uma irmã da congregação que estava diante de uma situação de vida muito desafiadora. Fiquei grato por suas palavras, uma vez que posso acabar por usar muito rapidamente clichês cristãos, exortando as pessoas que pastoreio a "buscarem a vontade de Deus". Ela me ajudou a dar um passo para trás e avaliar essa questão espiritual comum: *Qual é a vontade de Deus para minha vida e como posso descobri-la?*

Quando falamos sobre a vontade de Deus, muitas vezes pensamos em termos de *decisões*. Por exemplo, *o que Deus quer que eu faça nesta situação?* Talvez você seja solteiro e esteja ponderando os prós e contras de um relacionamento. Talvez esteja tentando decidir se deve sair de uma empresa onde está há quinze anos. Talvez seus pais estejam envelhecendo, por isso você está considerando se deve ou não acolhê-los em sua casa.

Às vezes, temos medo de não ter percebido a vontade de Deus. Uma decisão errada aqui, um movimento impulsivo ali, e nós nos perguntamos se a vida saiu dos eixos. Sentimos que nos desviamos do caminho de Deus, mas não está claro qual é o próximo passo. Como disse Martin Luther King Jr. em seu último sermão, "Eu só quero fazer a vontade de Deus".[1] Isso é o que todos queremos. Mas será que é possível?

A resposta de Jesus é um sonoro sim! Sua vontade não é um labirinto a ser percorrido — um passo em falso e já não encontramos a saída. A vida com Jesus é muito melhor do que isso. O caminho estreito não é uma brincadeira; é um convite a conhecer e amar a Deus.

O que está escondido em nosso coração

À medida que se aproxima do final do Sermão do Monte, Jesus reitera algo que enfatizou do começo ao fim: Deus vê as profundezas de nosso coração. Esse Deus que tudo vê nos chama a uma vida de exame interior. Uma vida que reconhece a possibilidade — ou, melhor, a inevitabilidade — do autoengano. Jesus sabe que nossas ações podem parecer justas, mas com motivações detestáveis por trás delas. Em nenhum outro momento de seu sermão isso vem à tona de maneira mais assustadora do que aqui:

> Nem todos que me chamam: "Senhor! Senhor!" entrarão no reino dos céus, mas apenas aqueles que, de fato, fazem a vontade de meu Pai, que está no céu. No dia do juízo, muitos me dirão: "Senhor! Senhor! Não profetizamos em teu nome, não expulsamos demônios em teu nome e não realizamos muitos milagres em teu nome?". Eu, porém, responderei: "Nunca os conheci. Afastem-se de mim, vocês que desobedecem à lei!".
>
> Mateus 7.21-23

Quando leio essas palavras, sou surpreendido pela franqueza de Jesus. Na essência dessa advertência, há graça. Jesus nos ama demais para fazer joguinhos com a verdade. Ele nos convida a uma vida na qual conhecemos a Deus, não apenas sabemos coisas *sobre* Deus. Uma vida de presença, não de pose. Uma vida que consiste em *estar com* Deus, não simplesmente em *fazer coisas para* ele. Jesus não está interessado em uma espiritualidade que separa motivação de missão. Ele nos chama à coerência — a uma vida coesa e segura.

O problema é que é fácil fazer coisas religiosas por motivos errados. Pouco antes dessa passagem, Jesus adverte sobre "lobos" que se passam por ovelhas — em outras palavras, falsos profetas que agem como discípulos, mas enganam a igreja. Por várias razões, pessoas entram em nossa vida com motivações enganosas. São pessoas que vivem para si mesmas. Pessoas em busca de poder e prestígio que devoram qualquer um que se coloque em seu caminho.

O que as torna uma ameaça é a tal "conversa sobre Deus" e "vida com Deus" que elas têm. Elas vão à igreja todos os domingos, realizam trabalho voluntário em bancos de alimentos e penduram versículos bíblicos nas paredes. C. S. Lewis escreveu: "Se o chamado divino não nos fizer melhores, ele nos fará muito piores. *De todos os homens maus, os maus religiosos são os piores.* De todos os seres criados, o mais perverso é aquele que originalmente esteve na presença imediata de Deus".[2] Uau!

O caminho largo está repleto de lobos. Então, como os evitamos, e, ainda mais tocante, como evitamos nos tornar um deles? Jesus não quer dizer "Nunca os conheci" mais do que você quer ouvir essas palavras. Faça esta pergunta fundamental: *Estou em uma jornada na qual vou realmente conhecer Jesus, ou o tenho usado para meu próprio benefício?*

Dia do Juízo

Jesus deixa claro que boas ações por si só não lhe agradam *se não* fluírem de uma vida de atenção à sua vontade. Ufa! Respire fundo.

Se a ideia do Dia do Juízo (o qual Jesus está descrevendo aqui) faz você se contorcer, inquieto, estou com você. Quando ouço sobre esse tema, imagino no mesmo instante pessoas zangadas na esquina da rua, apontando o dedo. Sempre achei curioso o fato de que grande parte das vozes mais altas implorando o juízo de Deus é de pessoas com uma lista cuidadosamente elaborada de pecados que precisam ser punidos. Mas, aqui, o juízo não é para aquela gente festeira de ressaca que está jogada no sofá; é para os religiosos vistos como santos que dizem ter tudo sob controle.

O Dia do Juízo ao qual Jesus se refere diz respeito à triagem final feita por Deus. Embora nunca devamos pressupor como Deus cumprirá, por fim, seus valores de amor e justiça, fomos criados para viver sob a realidade desse dia vindouro. Para ouvidos modernos, isso pode parecer uma forma espiritual de manipulação e coerção.

Talvez você esteja pensando: "O julgamento de Deus muitas vezes soa assustadoramente semelhante às projeções de pregadores e tipos religiosos horrendos". Talvez você rejeite qualquer noção, seja qual for, de ser submetido a julgamento. Mas, novamente, ouça com atenção Jesus aqui. Sim, Deus julgará o mundo, mas a ênfase aqui está naqueles que o representam sem realmente conhecê-lo. Ele está mencionando os impostores para que você não seja induzido à cegueira espiritual.

Missão poderosa, motivação problemática

Jesus está advertindo aqueles que têm uma boa teologia. As pessoas que estão sendo julgadas na narrativa de Jesus sobre o Dia do Juízo são, na teoria, ortodoxas. São membros de carteirinha da fé. Referem-se a Jesus como Senhor. Reconhecem mentalmente o *status* único de Jesus. Todos os detalhes de sua teologia estão em ordem. O que aprendemos é uma lição difícil, mas necessária: Ter conhecimento — até mesmo o conhecimento salvífico — não significa que você conhece Jesus.

Um dos maiores exemplos de autoengano espiritual é acreditar que o objetivo da vida cristã é ter conhecimento. Tiago disse isso desta forma a um grupo de cristãos locais: "Você diz crer que há um único Deus. Muito bem! Até os demônios creem nisso e tremem de medo" (Tg 2.19). Ele diz que os demônios têm uma boa teologia *e* sentem o peso dela, mas isso não faz diferença para eles. Esse conceito é importante para pessoas que dão muita ênfase a acreditar nas coisas "certas", mas não as colocam em prática no modo como vivem.

Jesus também trata das motivações dessa elite espiritual. Sim, essas pessoas gostam de ajudar — até de maneiras intensas, como expulsar demônios ou curar pessoas de doenças —, mas não *conhecem* Jesus. Nas Escrituras, a palavra *conhecer* indica intimidade profunda. Uma troca mútua de vida. Jesus lhes diz: "Nunca os conheci" (Mt 7.23).

Você pode saber coisas *sobre* Taylor Swift ou LeBron James. Pode cantar todas as músicas de cor e enunciar todas as estatísticas de memória. Mas, se aparecer do nada na casa deles, dizendo: "Eu amo você. Posso ficar aqui um pouquinho?", você será... rapidamente preso. Da mesma forma, é possível saber coisas *sobre* Deus sem cultivar uma amizade profunda com ele.

No reino de Deus, a missão importa, mas a motivação também. Tudo o que fazemos deve fluir do amor a Deus e ao próximo, como diz Paulo em 1Coríntios 13.1-3:

> Se eu falasse as línguas dos homens e dos anjos, mas não tivesse amor, seria como um sino que ressoa ou um címbalo que retine. Se eu tivesse o dom de profecias, se entendesse todos os mistérios de Deus e tivesse todo o conhecimento, e se tivesse uma fé que me permitisse mover montanhas, mas não tivesse amor, eu nada seria. Se desse tudo que tenho aos pobres e até entregasse meu corpo para ser queimado, e não tivesse amor, de nada me adiantaria.

Como líder, estou sempre tentando examinar meus motivos por meio dessas palavras. Em seu livro *Theology as a Way of Life* [Teologia como um modo de vida], Adam Neder menciona uma verdade desconfortável, especialmente para aqueles que ganham a vida com a "conversa sobre Deus":

> Considere, por exemplo, como nos esquecemos facilmente de que todo líder cristão lucra com o sofrimento e a morte de Jesus Cristo. Ele é crucificado e nós somos pagos. Esse é o combinado. Jesus sofre e nós lucramos. Se você ensina coisas sobre a fé cristã e isso não o incomoda, você não está raciocinando bem.[3]

Essa advertência — de que as motivações ficam confusas, mesmo quando estamos tentando servir a Deus — não é apenas para os líderes religiosos. Podemos ser voluntários na igreja porque queremos fazer parte do círculo íntimo de líderes. Podemos ser generosos para com causas importantes com o intuito de obter elogios. Podemos fazer coisas boas para *nossa* glória, não para a glória de Deus.

Por isso, algumas pessoas *pensam* que estão fazendo a vontade de Deus, mesmo quando não estão. Realizando milagres. Expulsando demônios. Servindo. Surpreendentemente, em meio a toda essa atividade, elas se esquecem do mais importante: amar a Deus. O objetivo da advertência de Jesus não é criar medo; em vez disso, ela nos conduz ao discernimento e é um chamado claro para examinarmos nossas decisões hoje. Estamos fazendo nossa vontade, a de outra pessoa ou a de Deus?

Descobrindo e fazendo a vontade de Deus

Descobrir a vontade de Deus — e de fato fazê-la — é uma das grandes tarefas de seguir o caminho estreito de Jesus que leva a uma vida satisfatória. Exige discernimento, o que não é algo natural para a maioria de nós. Descobri que as estratégias que tenho usado na tomada de decisões ao longo da vida se enquadram em três categorias.

Primeiro, *sou alguém que sempre discerne, mas nunca decide*. Considero as opções repetidas vezes, com muito medo de tomar uma decisão. Por trás de minha indecisão geralmente há alguma carga emocional com a qual não lidei. Por exemplo, como líder, sou capaz de reunir todas as informações necessárias sobre uma iniciativa específica, mas, por causa de meu medo de falhar, sou capaz de analisá-las a ponto de não tomar atitude alguma no final. A carga de falhas anteriores pode me aprisionar se eu não tiver cuidado.

Por outro lado, *sou alguém que muitas vezes decide sem discernir*. Esse é exatamente o erro daqueles a quem Jesus diz "Nunca os conheci" (Mt 7.23). Às vezes, fico tão focado no que quero que ajo impulsivamente em vez de buscar a Deus.

De vez em quando, pela graça de Deus, *tomo decisões com base no discernimento*. Quando decidimos nos mudar para um bairro diferente em Nova York, meu primeiro impulso foi procurar o melhor acordo financeiro. É claro que isso fez parte do processo, mas Rosie e eu investimos tempo para refletir em oração sobre valores como, por exemplo, a proximidade de pessoas de nossa congregação e o desejo de sermos mais hospitaleiros. Como líder, também tenho de discernir sobre como discutir questões delicadas (como racismo, política e sexualidade). Naturalmente, discernir bem não significa que a discussão sempre corre bem! No entanto, é uma área da vida em que estou crescendo.

Para tranquilizá-lo, as pessoas que estão sendo julgadas por Jesus em Mateus 7 não tomaram apenas algumas decisões ruins. Todos cometeremos erros. O problema é que, ao longo da *vida inteira*, elas nunca pararam para considerar a vontade de Deus. Jesus lhes diz: "Nunca os conheci". Essa falta de reflexão se tornou uma bola de neve, resultando em vidas repletas de atividade religiosa, mas separadas de Jesus. E, uma vez que começamos a descer essa ladeira íngreme, é difícil parar.

Fazer a vontade de Deus exige *conhecer* a vontade de Deus. Como fazemos isso? Aqui estão quatro componentes a serem considerados:

1. Deseje-a.
2. Examine as Escrituras.
3. Ouça seu coração.
4. Busque a sabedoria da comunidade.

Examinemos brevemente cada um desses pontos.

Deseje a vontade de Deus

Em Salmos 40.8, Davi escreveu: "Tenho prazer em fazer tua vontade, meu Deus, pois a tua lei está em meu coração". Note o que ele não disse: "Tenho prazer em *pensar* em tua vontade" ou "Tenho prazer em *considerar* tua vontade". Tampouco ele diz: "Tenho prazer em *conhecer* tua vontade". Ele deseja *fazê*-la. Devemos obedecer à vontade de Deus, não simplesmente considerá-la. Por isso, Jesus nos ensina a orar: "Venha o teu reino. Seja *feita* a tua vontade" (Mt 6.10).

Davi sabe, lá no fundo de sua alma, que a vontade de Deus é boa e digna de ser realizada. Admito que, às vezes, tenho dificuldade em compreender isso. Orar "Seja feita a vontade de Deus" tem sido um grande desafio para mim ao longo dos anos. Por trás de minha hesitação há uma suspeita latente de que Deus quer que eu seja infeliz. E por que eu desejaria mais infelicidade? Sou torcedor do Knicks a vida inteira. Isso já deveria ser suficiente.

Você já se perguntou se seguir a Jesus vale a pena? Você pensa que o caminho estreito de Jesus pode roubar sua liberdade? Você não é o único.

Se há uma verdade que tem me ajudado, é esta: Deus é como Jesus.

Quando vejo Jesus nas Escrituras, vejo a plena revelação de quem é Deus. Eu o encorajo a ver Jesus em ação nas histórias dos Evangelhos. Note as pessoas a quem ele oferece compaixão. Medite em como ele está propenso a perdoar. Veja em quem ele toca e acolhe, e a quem ele repreende. Contemple o amor sacrificial de Jesus, sua vitória sobre a morte, sua derrota dos poderes, seu cuidado abundante. Quando nossas imagens de Deus são curadas, podemos desejar sua vontade, confiando que ela é boa.

Deparei-me com uma liturgia que me ajudou a sentir a força dessa verdade. "Uma oração baseada no amor descrito nos Evangelhos para a hora de dormir" é uma série de perguntas que um pai ou uma mãe pode recitar com o filho antes de apagar as luzes. Gosto desta oração porque ela ajuda a formar uma imagem particular de Deus nas crianças desde cedo. As crianças são muito impressionáveis, então saber desde cedo que o caráter de Deus está enraizado na bondade e no amor estabelece uma base sólida para que confiem na vontade dele. Leia estas belas palavras:

> *Pai/mãe:* Você vê meus olhos?
> *Filho:* Sim.
> *Pai/mãe:* Você pode ver que eu vejo seus olhos?
> *Filho:* Sim.
> *Pai/mãe:* Você sabe que eu amo você?
> *Filho:* Sim.
> *Pai/mãe:* Você sabe que eu amo você, não importa o que você faça de bom?
> *Filho:* Sim.
> *Pai/mãe:* Você sabe que eu amo você, não importa o que você faça de ruim?
> *Filho:* Sim.
> *Pai/mãe:* Quem mais ama você assim?
> *Filho:* Deus.
> *Pai/mãe:* Ainda mais do que eu?
> *Filho:* Sim.
> *Pai/mãe:* Descanse nesse amor.[4]

Fiz isso com meu filho de quatro anos, Nathan. Quando cheguei à pergunta: "Quem mais ama você assim?", ele respondeu: "O Papai Noel". É óbvio que ainda tenho trabalho a fazer.

Aqui está o que quero dizer: Jesus nos dá uma visão da bondade de Deus que nos molda para obedecer, não a partir de um senso de dever forçado, mas de um lugar de alegria e desejo. Desejar a vontade de Deus é abrir-se para o caminho estreito de Jesus que vai contra nossa cultura. E, embora seja difícil, isso produz a vida que ansiamos.

Desejar a vontade de Deus é uma graça do Espírito. Ao longo dos anos, aprendi a orar: "Senhor, concede-me o desejo de conhecer e fazer tua vontade. E, quando não houver esse desejo, dá-me a disciplina para te buscar". Não há passos fáceis para obter desejo. Mas, à medida que nos abrimos para Jesus, especialmente em oração e meditação nas Escrituras, o Espírito pode fazer em nós o que não podemos fazer por nós mesmos.

Examine as Escrituras

Para discernir a vontade de Deus, devemos nos encher da sabedoria das Sagradas Escrituras. Embora a leitura da Bíblia possa ser desafiadora e exigente, em suas páginas aprendemos o sistema de valores do reino de Deus. Sem dúvida, não encontraremos as respostas para todas as perguntas (por exemplo, "Devo ir para esta ou aquela faculdade?" ou "Devo me aposentar ou continuar a trabalhar?"). No entanto, as Escrituras nos oferecem os princípios e a sabedoria de que precisamos. Lembre-se de que discernir a vontade de Deus por meio da Bíblia exige uma postura firme, demorada e curiosa (em conversas com outros) de prestar atenção em aspectos da vontade de Deus que podem ser facilmente ignorados.

Ouça seu coração

Ouvi durante muitos anos que não podemos confiar em nosso coração. Normalmente há um versículo bíblico para embasar essa afirmação, como, por exemplo: "O coração humano é mais enganoso que qualquer coisa e é extremamente perverso; quem sabe, de fato, o quanto é mau?" (Jr 17.9). Muitas pessoas interpretam esse versículo como uma indicação de que os desejos de nosso coração devem ser vistos com grande desconfiança. Mas há outro versículo que precisa ser considerado. O profeta Ezequiel profetizou sobre o dia em que Deus "[dará] um novo coração e [colocará] em vocês um novo espírito. [Removerá] seu coração de pedra e lhes [dará] coração de carne" (Ez 36.26).

Toda vez que alguém confia em Jesus e é cheio do Espírito Santo, essa promessa se cumpre. Se seguimos a Jesus, podemos ouvir nosso coração de maneira perspicaz, confiando na presença do Espírito para nos guiar.

É fácil acreditar que os desejos de nosso coração devem ser deixados de lado para que possamos fazer a vontade de Deus. Mas é essencial saber que Deus trabalha *por meio de nosso coração*. Paulo disse essa verdade à igreja em Filipos desta maneira: "Pois Deus está agindo em vocês, *dando-lhes o desejo* e o poder de realizarem aquilo que é do agrado dele" (Fp 2.13).

Nem todo desejo que temos é um obstáculo à vontade de Deus. Embora alguns desejos possam ser incompatíveis com o coração de Deus, devemos ouvir nosso coração, com a ajuda do Espírito Santo, enquanto procuramos descobrir a vontade de Deus.

Dito isso, ao seguirmos nosso coração moldado pelo Espírito, convém sempre colocarmos esses pensamentos à prova com cristãos de confiança que nos conhecem e nos amam. Esse é o aspecto final — e muito importante — de discernir a vontade de Deus que tem me ajudado.

Busque a sabedoria da comunidade

Uma de minhas passagens favoritas das Escrituras está no livro de Atos. A igreja estava em um ponto importante de sua história, discernindo como integrar os cristãos gentios e judeus sob o reinado de Jesus. Isso significava que a liderança precisava avaliar até que ponto os gentios estariam sujeitos às normas e costumes judaicos. Os apóstolos e presbíteros concluíram: "Pois pareceu bem ao Espírito Santo e a nós" (15.28). E a nós. Essas três palavras nos lembram que a sabedoria e a orientação de Deus nem sempre são misteriosas. Na verdade, estão à nossa pronta disposição, mas descobri-las muitas vezes requer colaboração e discernimento da comunidade. Quando estamos diante de uma decisão, a clareza vem quando oramos e discutimos a decisão com outros que buscam a Deus ao nosso lado.

Em determinado momento de nossa vida, com dois filhos pequenos, a tarefa de criá-los e de liderar uma igreja se tornou pesada para Rosie e para mim. Começamos a conversar com amigos e familiares para que nos ajudassem a pensar em maneiras práticas de lidar com aquela fase. Após uma série de conversas, tornou-se claro que nos mudarmos para a casa de meus sogros por dois anos seria necessário para que sobrevivêssemos ao desgaste emocional que estávamos tendo. Para ser honesto, eu tinha vergonha de fazer essa mudança porque parecia um grande retrocesso. Lá estava eu, liderando uma congregação grande e conhecida em Nova York e tendo de me mudar para a casa de meus sogros. Após mais reflexões, nossa comunidade de amigos me incentivou e reformulou as mensagens que eu tinha em meu íntimo. Eles me ajudaram a ver a decisão como algo revigorante, não incapacitante. Essa é a dádiva da sabedoria da comunidade.

À medida que nos aproximamos do fim deste capítulo, é possível que você ainda se sinta intimidado com a advertência de Jesus. Talvez esteja preocupado com a ideia de que, um dia, irá ouvi-lo dizer: "Nunca o conheci". Talvez você esteja se perguntando: *O que Deus realmente quer de mim?* Essa pergunta pode parecer estranha ou defensiva, mas era para ser honesta. É claro que a obediência é importante para Jesus, e, no entanto, somos salvos pela graça. Consideremos como tudo isso se encaixa, para que possamos estar confiantes (não amedrontados) em relação a fazer a vontade de Deus.

Fazendo a vontade de Deus

Somos salvos pela graça ou pelas obras? Eu ficava muito agitado toda vez que ouvia essa pergunta que divide opiniões. Não consigo contar quantas discussões acaloradas (e pouco salutares) tive com pessoas sobre isso. (É possível que alguns de vocês já estejam começando a sentir aquela cólera enquanto leem essas palavras.) É impossível satisfazer suas convicções e perguntas teológicas em alguns parágrafos, mas contarei como superei emocionalmente esse antigo ponto de divisão: eu simplesmente leio a Bíblia segundo os parâmetros dela (que enfatizam *tanto* as obras *quanto* a graça) e tenho aprendido a manter o equilíbrio dessas ideias aparentemente conflitantes.

Em termos simples, somos salvos apenas por meio de Jesus Cristo. Acredito que ele seja o único Salvador do mundo. Em sua vida, morte, ressurreição e entronização, ele foi declarado

Senhor. Nele, somos convidados a participar de um projeto de salvação que une perfeitamente nossas crenças e nossas ações.

Jesus diz que os únicos que verão o reino de Deus são aqueles que fazem a vontade do Pai. Essa é uma afirmação muito problemática para aqueles que têm uma visão de fé simplista — uma concepção que vê a salvação como um ato único com pouco impacto no estilo de vida subsequente. Ela vê o céu — não a submissão ao governo de Jesus — como o objetivo. Concentra-se no que pode ser recebido, mas evita a dura realidade de tomar a própria cruz. Esse tipo de fé é reducionista, considerando o caminho estreito de Jesus como opção, não como exigência. Um caminho para assegurar nosso futuro eterno, mas não um caminho a ser seguido aqui e agora.

Jesus é claro: A entrada do reino é encontrada em *ações*. Isso não significa que a salvação seja uma recompensa por nosso bom comportamento, mas, na mente de Jesus (e, mais tarde, do apóstolo Paulo), a salvação é uma dádiva que sempre gera uma resposta generosa e concreta.

Sou pastor de uma congregação onde mais de 75 nações estão representadas. Muitos membros da congregação são imigrantes de primeira geração. Algo que aprendi em meu contexto é que dar presentes muitas vezes cria um ciclo desse tipo. É assim que a rica palavra teológica *graça* deve ser entendida.

Lembro-me de ter comprado uma camiseta que vi para um membro mais velho do Leste Asiático depois de termos tido uma conversa profunda. Uma semana depois, esse irmão deixou um lindo diário e um livro no gabinete da igreja. A princípio, fiquei me perguntando se ele não havia entendido bem que a camiseta era um presente e que eu não precisava de nada em troca. No entanto, acabei por fazer uma descoberta cultural: O presente dele não foi dado por culpa, mas por graça.

A dádiva da salvação não é uma transação unilateral; ela desencadeia um processo de autoentrega mútua. Por meio de Cristo, somos declarados justos pela fé. A fé, então, cria um novo movimento em que nós, por nossa vez, fazemos a vontade de nosso Pai celestial. Como diz Tiago: "De que adianta, meus irmãos, dizerem que têm fé se não a demonstram por meio de suas ações? Acaso esse tipo de fé pode salvar alguém?" (Tg 2.14). A resposta é não.

Se a fé não faz diferença prática no modo como vivemos, há uma desconexão. O maior obstáculo ao evangelho não é o ateísmo ou alguma outra religião; é quando a fé cristã é expressa apenas de nome. A qualidade de nossa fé não está naquilo que *afirmamos* acreditar; em vez disso, flui de nossa comunhão íntima com Deus, que se expressa no amor pelos outros, de acordo com a vontade do Pai.

Jesus convida você a tomar o caminho estreito, onde a obediência é um prazer, não uma labuta. Ele o guiará passo a passo para que você não tenha de estar ansioso em "encontrar" a vontade de Deus. Ele o amará quando você tropeçar, por isso tenha a certeza de que ele está ao seu lado.

12
Nossos inimigos

Mark Twain certa vez disse em tom de brincadeira: "Não me incomodam as partes da Bíblia que não entendo, mas, sim, as partes que eu entendo". Em se tratando das palavras de Jesus sobre amar nossos inimigos, a citação de Twain faz todo sentido. Esse ensinamento de Jesus me incomoda. Talvez seja o mais difícil de todos os seus ensinamentos. E talvez seja o mais importante, especialmente em nosso mundo dividido.

A humanidade é instruída a ver os inimigos de duas maneiras fundamentais: eles devem ser evitados a qualquer custo ou devem ser destruídos por qualquer meio. No entanto, no caminho estreito, somos chamados a buscar o bem de nossos inimigos. Ai!

Ora, alguns de vocês talvez estejam pensando: "De verdade, eu não tenho inimigos. Claro, aquele colega de trabalho me irrita. O vizinho duas casas depois da minha gritou comigo uma vez. As coisas com meus sogros podem estar tensas... mas eles não são meus inimigos!". Antes de você passar para a próxima seção, permita-me desafiar essa suposição.

Em certo nível, inimigo é uma pessoa ou grupo que se opõe à outra pessoa ou grupo com a intenção de prejudicar — em palavras ou ações. Lembro-me de procurar um vídeo no YouTube e, enquanto fazia isso, fiquei surpreso ao ver um vídeo de uma pessoa que frequentava minha congregação dizendo coisas ofensivas a meu respeito. Após o choque inicial, aquele sujeito passou a ser de imediato um inimigo para mim.

Contudo, eu também gostaria de sugerir — de forma mais ampla — que inimigo é qualquer pessoa que você tenha dificuldade em amar. Talvez seja um inimigo com *i* minúsculo. Você pode não ter um inimigo no sentido clássico, mas, para nossos fins aqui, inimigo é alguém contra quem você alega ser ou alguém que é contra você.

Inimigo pode ser o chefe que o demitiu. O cônjuge que o traiu. Alguém que disse algo doloroso ou se aproveitou de você. Pode ser alguém que simplesmente o irrita ou algum grupo étnico ou partido político. Seu inimigo pode ser alguém que fez mal a alguém que você ama. Mesmo que você não tenha um inimigo agora, é provável que, mais cedo ou mais tarde, tenha um.

Jesus tem instruções para nós sobre como pensar sobre essas pessoas e tratá-las. Prepare-se: Ele diz que você deve *amá-las e orar por elas*. Não se trata de um mandamento em que devemos fingir simpatia. Para o seguidor de Jesus, é uma questão de obediência e formação. Amamos os inimigos e oramos por eles não porque isso faz com que nos sintamos bem, mas porque nosso Senhor nos chama a ser diferentes do mundo.

O tipo certo de inimigo

Alguns que estão lendo isso veem muitas pessoas como inimigas, por isso vale a pena fazer uma pausa aqui e esclarecer: Você tem inimigos porque está seguindo a Jesus no caminho estreito ou porque está irresponsavelmente ferindo outros em nome dele? Como exemplo, lembro-me de um de meus primeiros empregos quando era novo convertido. Eu discutia com os colegas de trabalho, insultava as opiniões que eles tinham sobre religião e era passivo-agressivo. Não é de surpreender que acabei por criar alguns inimigos. Quando eles, por sua vez, falavam comigo de forma sarcástica ou ridicularizavam minha fé, eu concluía que estava sendo fiel a Jesus. Esse é o modo errado de criar inimigos. Isso requer três passos simples:

1. Aja como um imbecil em nome de Jesus.
2. Observe as reações negativas das pessoas ao seu redor.
3. Declare que está sendo fiel a Jesus. (Perseguição religiosa é um dos protestos favoritos.)

Então, temos o mesmo tipo de inimigos que Jesus tinha? Essa é a questão. Os inimigos que temos como seguidores de Jesus revelam se estamos vivendo como ele ou não. O tipo certo de inimigos (por mais estranho que pareça) são aqueles que nos menosprezam porque temos um amor e um cuidado sobrenaturais pelos desamparados. Parece-me que os cristãos muitas vezes criam o "tipo errado" de inimigos porque nos recusamos a amar de maneira adequada.

Amor pelos inimigos

Jesus diz: "Vocês ouviram o que foi dito: 'Ame o seu próximo' e odeie o seu inimigo. Eu, porém, lhes digo: amem os seus inimigos e orem por quem os persegue. Desse modo, vocês agirão como verdadeiros filhos de seu Pai, que está no céu" (Mt 5.43-45).

Embora o Antigo Testamento não instrua o povo de Deus a odiar literalmente os inimigos, esse sentimento prevalecia e era amplamente aceito. Jesus confronta a atmosfera cultural que tornava permissível tratar os supostos inimigos com profundo desprezo.

Essa doutrina que diz "Odeie seu próximo" está viva e forte em cada geração. Nas palavras de Tom, um amigo padre de Anne Lamott, "Você pode admitir com convicção que criou Deus à sua própria imagem quando ficar claro que Deus odeia todas as mesmas pessoas que você".[1]

Jesus chama seus seguidores a abandonarem o ódio e expressarem amor pelos inimigos. Antes de fecharmos este livro, frustrados, examinemos o que significa amar os inimigos.

O que é amor?

Quando se trata de definir e personificar o amor, preste atenção em Jesus — especialmente no modo como ele lida com pessoas que lhe desejam mal.

É fácil acreditar que amar os inimigos significa ser capacho. Dar a outra face, não é? É comum acreditar que amar os inimigos exige sentimentos positivos para com aqueles que se opõem a nós com hostilidade. Observemos as interações de Jesus nos Evangelhos para obtermos uma perspectiva ampla.

Oração

Primeiro, observemos uma das principais maneiras pelas quais Jesus nos convida a amar nossos inimigos: orar por eles. Nossas orações têm meios de moldar nossa presença no mundo. Alguns céticos podem retrucar: "Eu oro por meus inimigos... oro para que morram!". Eu entendo. Já fiz o mesmo, e com bons precedentes bíblicos. Basta ler alguns dos salmos imprecatórios — ou seja, cânticos na Bíblia que imploram a Deus para trazer calamidade sobre os inimigos! Aqui estão alguns exemplos:

Quebra os braços dessa gente má e perversa;
    pede contas de sua maldade
    até nada mais restar. (10.15)

Destrói os que buscam neste mundo sua recompensa.
Satisfaz, porém, a fome dos que te são preciosos;
    que os filhos deles tenham fartura e deixem herança para os
        netos. (17.14)

Não lhes fiz mal algum, mas eles me prepararam uma
    armadilha;
    sem motivo, abriram uma cova para me pegar.
Portanto, que venha sobre eles destruição repentina!
    Sejam pegos na armadilha que me prepararam,
    sejam destruídos na cova que abriram para mim. (35.7-8)

Você já entendeu o que eu quis dizer.

É normal que nossas orações sejam indigestas e cheias de raiva e tristeza. Isso nos firma na realidade e nos abre para a presença de Deus. Se você nunca expressa sua raiva nas orações, ela se acumula em seu íntimo e se torna perigosa. Jesus pode lidar com — e até o convida a fazer — suas orações honestas.

Dito isso, embora estejam *registrados* nas Escrituras, os salmos imprecatórios não são *recomendados* como estilo de vida. Jesus nos chama a orar *por* nossos inimigos. Na oração, damos espaço a nós mesmos para que sejamos moldados pelo Espírito Santo. Essa moldagem acontece aos poucos, não de forma instantânea.

Alguns anos atrás, um monge beneditino visitou nossa igreja. Ele deu uma palestra sobre perdão e compartilhou esta oração por nossos inimigos:

Que você seja feliz. Que seja livre.

Que seja amoroso. Que seja amado.

Que conheça o cumprimento do que Deus planejou para você.

Que experimente o amor profundo e inescrutável de Deus por você.

Que receba e cresça na plenitude das graças que Jesus conquistou para você.

Que Jesus Cristo seja formado em você.

Que você conheça a paz de Deus que excede todo entendimento.

Que sejam suas todas as coisas boas.

Que a alegria de Jesus esteja em você, e que ela seja completa.

Que você conheça o Senhor em toda a bondade e compaixão dele.

Que você seja protegido do mal em meio a cada tentação que surgir em seu caminho.

Que o Espírito Santo preencha e permeie todo o seu ser.

Que você veja a glória de Deus.

Que você seja perdoado de todo pecado.

Eu o perdoo (ou tentarei perdoá-lo) de toda ferida e dor com todo o meu coração.

Que a bondade e a misericórdia de Deus o acompanhem todos os dias de sua vida.[2]

Quando li essa oração pela primeira vez, dei risada. Foi uma risada de ceticismo. Anos mais tarde, percebi que esse é o caminho estreito de Jesus, o qual é tolice para o mundo.

Dizer a verdade

Concentremo-nos agora em um aspecto de amar os inimigos que você pode apreciar um pouco mais (eu certamente aprecio), mas minha empolgação precisa ser moderada. Ao observar Jesus, a personificação do amor perfeito, percebo que ele nem sempre foi simpático. Simpatia não é um fruto do Espírito Santo.

Jesus falou a verdade em amor e de maneiras que correspondiam à realidade. Veja suas palavras aos líderes religiosos:

> Que aflição os espera, mestres da lei e fariseus! Hipócritas! Fecham a porta do reino dos céus na cara das pessoas. Vocês mesmos não entram e não permitem que os outros entrem.
>
> Mateus 23.13

Ou minhas favoritas:

> Serpentes! Raça de víboras! Como escaparão do julgamento do inferno?
>
> Mateus 23.33

Devemos concluir que Jesus disse essas palavras em amor ou em pecado. Quando examinamos o restante das Escrituras, é claro que, embora difíceis de ler, essas palavras são uma expressão de amor. Esta é uma das maneiras pelas quais Jesus amou seus inimigos: dizendo-lhes a verdade.

Contudo, segue uma palavra de cautela. É comum que as pessoas queiram virar mesas porque Jesus fez isso ou se referir aos seus inimigos como "serpentes" como ele o fez. Quando disse essas palavras, Jesus tinha em mente amor, compaixão e justiça. Ele estava denunciando a hipocrisia dos líderes religiosos e os fardos espirituais que eles colocavam nas costas das pessoas em nome de Deus. As palavras de Jesus foram proporcionais ao pecado sistêmico dos líderes.

Repetindo uma citação de Dietrich Bonhoeffer, "A verdade apenas para si, a verdade falada com inimizade e ódio não é verdade, mas uma mentira, pois a verdade nos leva à presença de Deus, e Deus é amor. A verdade é a clareza do amor ou não é nada".[3]

Por isso, a oração deve ter relação com dizer a verdade, especialmente quando estamos falando sobre inimigos. Ao dizermos a verdade para aqueles que percebemos como inimigos, esperamos libertá-los da escravidão de sua própria hipocrisia, bem como da dor que eles despejam sobre os outros.

O evangelho é uma boa notícia para os sobrecarregados e para *os que sobrecarregam*. Para os que não têm força e para os cheios de força. Ambos são libertados de maneiras diferentes. Os sobrecarregados podem ser libertados do tratamento destrutivo, e os que sobrecarregam são libertados do dano que causam aos outros e a si mesmos. Nas palavras do escritor norte-americano James Baldwin, "Não se pode negar a humanidade do outro sem diminuir a própria".[4]

Falar a verdade — especialmente em público — é estar sujeito à crítica. O melhor que podemos fazer é examinar nossas motivações com oração e humildade, pesar nossas palavras e falar com coragem. Quando fazemos isso, quer outros vejam ou não, estamos amando nossos inimigos.

Compaixão

Jesus também ama seus inimigos por meio da compaixão — vista de forma mais profunda na cruz, onde ele ora: "Pai, perdoa-lhes, pois não sabem o que fazem" (Lc 23.34). Que bela e desconcertante demonstração de amor! Jesus conhece as mensagens prejudiciais que seus assassinos carregam. Conhece a violência que corrompe a vida deles. Conhece as forças desumanizadoras que preenchem o coração deles. Sabe que estão oprimidos por um poder maior e pérfido. Jesus sabe que aqueles que não conseguem amar estão curvados sob o peso esmagador do pecado. Com lágrimas nos olhos, ele pronuncia uma palavra de compaixão.

Ele conhece a história deles. Entristece-se com o fato de serem escravos. Entende a prisão em que se encontram. Em resposta, derrama perdão.

Amar nossos inimigos é reconhecer a dolorosa verdade de que as palavras e ações deles geralmente vêm de um lugar que precisa de cura. Onde o mundo vê apenas inimigos, o caminho estreito de Jesus cria espaço para as histórias mais complexas de vida deles.

Tento fazer isso, com os mais variados graus de sucesso. Quando alguém diz algo que me machuca, minha primeira reação é revidar. Em alguns de meus melhores momentos, consigo refletir sobre aquela atitude. Pergunto-me: *O que será que está acontecendo com essa pessoa para que diga algo assim?* Tento fazer a mesma pergunta ao observar figuras públicas, especialmente políticos. Tento imaginar o medo que eles carregam que leva à demonização e ao alarmismo. Tento reconhecer a ansiedade que podem sentir, ou me relacionar com seu desejo de poder e influência (desejos contra os quais luto todos os dias).

Praticar essa curiosidade encarnacional não é se desculpar, minimizar ou ignorar as decisões que as pessoas tomam, especialmente quando prejudicam os outros. Em vez disso, significa se envolver com elas a partir de um lugar mais profundo de amor. Esse amor não pode ser cultivado por força humana; ele vem apenas da obediência a Jesus no poder do Espírito.

No Antigo Testamento, quando Deus pede a Jonas que pregue arrependimento aos seus inimigos, Jonas se recusa. Por quê? Porque desconfia que Deus lhes oferecerá graça! Ele embarca em um navio na direção oposta ao caminho que Deus lhe tinha indicado. Você conhece a história — a tempestade, o grande peixe e, por fim, Jonas prega um sermão aparentemente direto para o povo, e, para sua surpresa, as pessoas se arrependem!

A cena seguinte é impressionante. Jonas talvez seja o único pregador que fica irritado quando a congregação de fato se arrepende e se volta para Deus!

Jonas despreza o povo de Nínive (e por bons motivos), mas o último versículo do livro nos dá um vislumbre do coração de Deus:

> Nínive, porém, tem mais de 120 mil pessoas que não sabem decidir entre o certo e o errado, sem falar de muitos animais. Acaso não devo ter compaixão dessa grande cidade?
>
> Jonas 4.11

Deus vê a relutância moral dos habitantes de Nínive. Ele reconhece o estado de perdição em que se encontram. E esse reconhecimento leva à compaixão.

Essa é a compaixão que Deus espera de Jonas. E de mim e de você.

Um dos principais temas do livro de Jonas é a bondade de Deus para com o povo de Nínive. Mas a mensagem implícita é muito mais impactante. Além de ajudar os habitantes de Nínive, Deus está tentando salvar o profeta Jonas da atitude de julgamento, de seu coração endurecido, de sua tendência de apontar o dedo e de seu falso moralismo.

A melhor medida de maturidade espiritual não é o grau de seu conhecimento de Deus, mas até onde você imita o amor dele em relação aos inimigos. Não há caminho mais estreito que esse. Ao longo desse caminho, por mais difícil que seja às vezes, encontra-se a mais profunda satisfação que a alma pode conhecer. Jesus nos convida a seguir com ele o caminho estreito.

EPÍLOGO
Praticando a obediência

Eu gostaria de encerrar nossa jornada com uma palavra: *obediência*. (Sei que você provavelmente esperava algo mais edificante, mas, por favor, continue comigo.) Não é uma palavra da qual muitas pessoas gostam, exceto, bem, donos de cachorros, pais de crianças pequenas e pessoas com sede de poder. (Tenho certeza de que existe um diagrama de Venn para isso.)

A obediência é malvista. Alguns a veem através da lente da opressão. Mas, no reino de Jesus, é o segredo para a vida que realmente satisfaz nossa alma.

Ao final de seu magistral Sermão do Monte, Jesus fala sobre o que constitui uma vida feliz. Ele mostra a importância da integridade e de uma comunicação simples. Convida-nos a tomar o caminho desconcertante do amor subversivo. Dá-nos lições sobre dinheiro, oração e como lidar com a ansiedade. Conduz-nos a uma vida livre de julgamentos e ajuda-nos a ver a necessidade de discernimento. Ah, e ele nos desafia a orar por nossos inimigos. Nossa, é muita coisa!

Mas ele não para aí.

Jesus entende algo sobre a condição humana: Ouvir a verdade não significa nada se ela não for efetivamente colocada em prática. Ouvir a verdade sem cumpri-la de modo constante é enganar a nós mesmos, acreditando que conhecimento é o mesmo que maturidade.

Mas conhecimento não é suficiente. Ouvir a verdade não é suficiente. Por essa razão, o apóstolo Tiago disse: "Não se limitem, porém, a ouvir a palavra; ponham-na em prática. Do contrário, só enganarão a si mesmos" (Tg 1.22). Por que ouvir sem agir é engano? Porque, enquanto ouvimos, percebemos que estamos sendo moldados pelo que escutamos. Conheço muitas pessoas — inclusive eu — que podem citar capítulos e versículos da Bíblia, mas não foram pessoalmente transformadas por essa verdade.

Como evitamos essa armadilha? Para Jesus, a resposta está na *prática*. Se não recolocarmos nossa vida em ordem, voltaremos aos nossos velhos caminhos.

Prática

No trecho final do sermão, Jesus faz uma distinção importante: Uma vida edificada sobre um alicerce firme está à disposição de quem ouve seus ensinamentos *e os pratica*. Por outro lado, aqueles que ouvem, mas não obedecem, edificam sua vida sobre um alicerce instável e frágil.

Leia devagar as palavras de Jesus: "Mas *quem ouve meu ensino e não o pratica* é tão tolo como a pessoa que constrói sua casa sobre a areia" (Mt 7.26). A grande preocupação de Jesus é que seus seguidores *vivam* o ensino que ele oferece, que é capaz de transformar a vida deles.

A obediência a Jesus está em praticar seus ensinamentos. Jesus diz que aquele que ouve e põe em prática o que ele instrui é quem edifica uma vida sobre um alicerce firme. (Observe que ele não diz: "Que pratica perfeitamente".) Da mesma forma que todos temos hábitos — maneiras de ordenar a vida por meio de comportamentos repetidos e subconscientes —, somos chamados a criar hábitos que nos impulsionam a seguir em frente no caminho estreito.

Nossos hábitos nos colocam no caminho do reino de Jesus ou nos afastam dele. Práticas formam hábitos. Hábitos ordenam nossa vida. As práticas que repetimos revelam aquilo que amamos — ou aquilo que nos escraviza. A questão é: Como criar hábitos para que os ensinamentos de Jesus se tornem a principal fonte de nossas decisões e relacionamentos?

É comum as pessoas se referirem a alguém que frequenta a igreja como *praticante*. Esse tipo de linguagem pressupõe que é possível ser cristão sem praticar o caminho de Jesus.

Assim como um jogador de basquete desenvolve memória muscular para lançar a bola na cesta com um índice alto de eficiência, os ensinamentos de Jesus são vividos por meio de periodicidade e rotinas. Esses hábitos não surgem simplesmente porque lemos que são importantes. (Não escovo os dentes de manhã e antes de dormir porque li a respeito, mas porque desenvolvi essa rotina.) Os hábitos que criamos moldam nossa vida. Se não houver uma reavaliação de nossas práticas diárias, semanais, mensais e anuais, seremos apenas ouvintes da palavra, não praticantes.

No restante deste livro, eu me concentrarei em seis práticas simples que irão ajudá-lo a viver de acordo com tudo o que discutimos.

Nº 1: Medite nos ensinamentos de Jesus

Não criamos hábitos novos quando adquirimos informações. Cognitivamente, sei que comer muitos sonhos recheados fritos é ruim para a saúde, mas, infelizmente, tenho dificuldades para deixar essa sabedoria guiar meu comportamento. Para sermos transformados, precisamos de meditação, não apenas de informação.

Meditar não é simplesmente encher a mente de versículos bíblicos. Na verdade, o caminho largo está cheio de pessoas que têm muitos versículos na cabeça. Meditação pode incluir memorização, mas é muito mais do que isso. Meditação é a prática espiritual de permitir com paciência que a verdade das Escrituras volte a nortear a maneira como você interage com o mundo. Não é uma prática para a chamada elite espiritual; pelo contrário, tem a ver com remoer lentamente a Palavra de Deus até que ela penetre seu coração.

Estabeleci como prática ao longo de muitos anos meditar nos ensinamentos de Jesus, especialmente o Sermão do Monte. Nunca conseguirei examinar todas as profundezas da sabedoria desse sermão nem ser mestre em aplicá-lo em minha vida. Ainda assim, à medida que vou me impregnando dessas palavras, algo acontece comigo: vivo espantado (no melhor sentido da palavra) pelo caminho de Jesus.

Por exemplo, meditar nas palavras de Jesus sobre o amor pelos inimigos me dá uma sacudida quando tenho vontade de despejar minha ira sobre aqueles de quem não gosto. Quando medito nos ensinamentos de Jesus, não estou apenas tentando me lembrar de suas palavras; eu as estou recitando repetidamente, dando ao Espírito Santo amplo espaço para alargar meu coração. Concentrar minha atenção em seu chamado para que eu não me preocupe conforta minha alma em momentos de muita ansiedade. Às vezes, meditar se resume a escrever suas palavras em um diário, atento para ouvir o convite particular de Deus a receber paz em um momento de medo.

Refletir sobre suas categorias de felicidade me ajuda a avaliar o que é mais importante quando sou tentado a buscar mais bens. Quando coloco o coração no caminho estreito dos ensinamentos de Jesus, fico mais ciente de meu pecado. Mas, louvado seja Deus, também fico mais ciente de sua graça para pecadores fracos como eu.

Ler o Sermão do Monte do início ao fim de duas a três vezes por mês pode ser um ótimo ponto de partida para você. Meditar e escrever em um diário sobre as bem-aventuranças pode reajustar sua alma. À medida que você se dedicar à tarefa de interiorizar e incorporar os ensinamentos de Jesus, o Espírito trabalhará por seu intermédio para que essas palavras sejam colocadas em prática.

O próprio Jesus é um modelo de como meditar nas Sagradas Escrituras. Quando ele é tentado no deserto, as Escrituras fluem de seus lábios. Quando é desafiado por líderes religiosos, as Escrituras fluem de seus lábios. Mesmo em seu momento mais vil, enquanto está sendo crucificado, as Escrituras fluem de seus lábios. Para viver como Jesus, devemos interiorizar a Palavra de Deus a ponto de, em cada circunstância, ela transbordar de nós.

Nº 2: Fome e sede de justiça

Sei como é fazer alarde sobre buscar a justiça, especialmente a justiça social, mas não reorganizar minha vida para incluí-la. Esse é um dos grandes perigos de ouvir as palavras de Jesus sem praticá-las.

Como Deus o está convidando a servir àqueles em sua comunidade? Talvez você possa prover recursos e oferecer relacionamentos àqueles que estão economicamente desfavorecidos. Talvez seja advogar em favor dos vulneráveis. Talvez você seja chamado a se juntar a (ou começar) um conselho comunitário no bairro para representar as famílias. Talvez Deus o esteja chamando para mudar políticas que prejudicam pessoas que o mundo normalmente ignora. Contudo, ter fome e sede de justiça também pode se manifestar de muitas outras maneiras.

Pode-se praticá-lo liderando um estudo bíblico com estudantes do ensino médio, concentrando-se no que Deus deseja para os vulneráveis, seguido por um chamado específico à ação. Pode-se incorporá-lo por meio de atos de hospitalidade para com aqueles na comunidade que são ignorados durante os feriados. Pode-se expressá-lo quando você faz parte da associação de pais e professores de seu filho, especialmente se houver lacunas consideráveis. Pode ser por meio da arrecadação de fundos para aliviar o fardo de famílias com dificuldades financeiras. Praticar a justiça, ou a equidade, nem sempre requer uma marcha de protesto ou uma postagem em redes sociais. As perguntas implícitas são: Onde há dor, pecado ou necessidade à sua volta? Como Jesus o está convidando a responder?

Nº 3: Fale a verdade (sim e não)

A prática de examinar nosso nível quando o assunto é falar a verdade é outro ato importante do discipulado. Seria bom se você dedicasse um tempo à reflexão de perguntas como estas:

- Onde tenho distorcido a verdade?
- Por que tenho dificuldade em ser honesto com [o nome da pessoa]?
- Por que sinto a necessidade de dizer sim quando, na verdade, quero dizer não?
- Nos últimos dias, quando fui intencionalmente vago sobre uma questão? O que pode estar por trás disso?
- Quando voltei atrás em minha palavra de que faria algo? O que está contribuindo para essa falta de integridade?

Nº 4: Ore pelos inimigos

Muitos seguidores de Jesus se sentem culpados em citar os inimigos que têm no coração. Alguns desses inimigos são aqueles que nos feriram; outros são pessoas a quem simplesmente temos dificuldade em amar. Lembro-me de uma conversa com amigos queridos, na qual todos nós na sala citamos as pessoas que temos dificuldade em amar. Foi muito libertador saber que todos tínhamos alguém em mente. Usamos também esse tempo para orar pelos indivíduos difíceis, pedindo ao Senhor que amolecesse nosso coração em relação a eles. Amar nossos inimigos pode ser a parte mais difícil dos ensinamentos de Jesus, mas é uma das principais maneiras de refletir seu coração. Se você se comprometer com essa prática, estará se mostrando receptivo a ser moldado mais à imagem de Jesus.

Nº 5: Seja generoso em silêncio

Dar em segredo elimina aquela parte de nós que anseia por reconhecimento e admiração. Ser generoso em silêncio produz o caráter de Jesus em nós de maneiras profundas. Nos Evangelhos, Jesus muitas vezes cura uma pessoa e, em seguida, a instrui a não contar a ninguém. Fico me perguntando se parte do motivo que ele tinha para fazer isso tinha a ver com ser exemplo do que ele ensinava. (Por ironia, todos sabem sobre muitos dos atos secretos da graça porque eles estão nas histórias dos Evangelhos.) Considere praticar atos anônimos de bondade. Surpreenda alguém com uma oferta financeira. Compre mantimentos para uma família necessitada. A lista não para. Isso não significa que todos os nossos atos de bondade devam ser secretos, mas aprender a praticar isso nos liberta da necessidade de ser visto pelos outros. Lembre-se de que Deus vê o que é feito em segredo e irá recompensá-lo.

Nº 6: Deixe a ansiedade de lado

Sou especialista quando o assunto é sentir ansiedade. Eu a carrego no corpo muito mais do que gostaria de admitir, mas tenho conseguido estabelecer limites para evitar que me domine. Não se trata de um tratamento completo para a ansiedade, pois muitas vezes precisamos de diversas práticas, relacionamentos e tratamentos que nos ajudem a administrá-la. Como ponto de partida, aqui está uma lista simples de perguntas que você pode fazer na presença de Deus (ou na presença de um amigo de confiança):

1. Quem o deixa mais ansioso? Por quê?
2. Quais situações o deixam mais ansioso? Por quê?
3. Em quais áreas você está preocupado com sua vida?
4. Qual é a história que sua ansiedade está alimentando?
5. De que tipo de espaço você precisa para processar sua ansiedade?

Uma vez identificadas as pessoas e situações que estão causando sua ansiedade, apresente-as a Deus. Peça a ele para guiá-lo, ampará-lo e protegê-lo. Se você for como eu, isso precisa ser uma prática regular.

A promessa de Jesus: um alicerce firme

Jesus faz uma declaração ousada: Aqueles que praticam seus ensinamentos vivem sobre um alicerce firme. Por outro lado, aqueles que ouvem suas palavras, mas não as praticam, são surpreendidos pelas tempestades da vida.

Quando Jesus faz essa promessa, ele *não* está dizendo que as pessoas que praticam seus ensinamentos não enfrentarão problemas. Em muitas outras passagens na Bíblia, ele nos lembra de que segui-lo põe nosso conforto em perigo — e, às vezes, até mesmo nossa vida. No entanto, ele promete um nível de estabilidade interior e comunitária que torna nossa vida indestrutível. Assim, Jesus encerra seu manifesto magistral com uma grande promessa: *Se você escolher o caminho estreito, sua vida estará segura.*

Quando pensamos em segurança, provavelmente imaginamos tranquilidade e ausência de confusão. Contudo, segurança vai muito além disso. Girar sua vida em torno de Jesus e dos ensinamentos dele faz com que você esteja em posição de viver com maior atenção ao cuidado e ao amor de Deus. O que nos torna seguros não são nossas circunstâncias, mas a presença sempre fiel de Deus em nossa vida.

E assim, querido amigo, enquanto chegamos ao fim de nossa jornada, oro para que esta verdade em particular faça eco na parte mais profunda de seu ser: o caminho estreito de Jesus pode não fazer sentido, mas salvará sua vida.

Todos os dias, você e eu estamos sendo moldados e influenciados por uma infinidade de forças. Essas forças nos instigam a construir nossos próprios reinos enraizados no poder, na riqueza e em uma visão superficial de sucesso. Sei como é se apegar à atraente promessa desse caminho. Mas essa atitude não satisfaz, por fim, as necessidades mais profundas de nossa alma.

Há um caminho melhor. Não é mais fácil — na verdade, leva a uma espécie de morte —, mas, nas mãos de Deus, até mesmo a morte pode ser transformada em novidade de vida. Quando você escolhe morrer para atitudes como acumular dinheiro e escolhe a generosidade, algo em seu íntimo começa a morrer, mas algo mais começa a ganhar vida. Quando você escolhe abençoar em vez de amaldiçoar alguém que é difícil de amar, sim, há uma morte em ação — uma morte para a parte de você moldada pela raiva e pela incapacidade de perdoar —, mas um novo tipo de existência surge em você. Quando você opta por falar a verdade e palavras simples, as identidades que construiu em torno do engano se desfazem, e um eu mais profundo, arraigado em Cristo, começa a emergir.

Em Jesus e no caminho de seu reino, a vida está à sua disposição. É uma jornada para encontrar o Deus vivo. O objetivo final do caminho estreito não é um estado de felicidade subjetiva; é uma jornada que leva ao coração de Deus. Um coração que tem, por natureza, a forma da cruz.

Se desejamos uma vida de relacionamento cada vez mais profundo com Deus, uma existência marcada pela liberdade de ídolos interiores e culturais, uma jornada que nos aponta para a plenitude, a paz e a alegria, ela não é encontrada no caminho largo da sabedoria convencional do mundo. É encontrada no caminho estreito de Jesus.

E essa jornada pode começar hoje.

Notas

Introdução
[1] Dietrich Bonhoeffer, *The Cost of Discipleship* (Nova York: Touchstone, 1959), p. 89. [No Brasil, *Discipulado*. São Paulo: Mundo Cristão, 2016.]

1. Desastre inesperado (o caminho largo)
[1] G. K. Chesterton, *What's Wrong with the World* (Vancouver: Royal Classics, 2021), p. 17. [No Brasil, *O que há de errado com o mundo*. Campinas, SP: Ecclesiae, 2013.]

2. Felicidade inesperada
[1] David Shimer, "Yale's Most Popular Class Ever: Happiness", *The New York Times*, 26 de janeiro de 2018, <www.nytimes.com/2018/01/26/nyregion/at-yale-class-on-happiness-draws-huge-crowd-laurie-santos.html>.
[2] Ron Rolheiser, "Risking God's Mercy", RonRolheiser.com, 15 de outubro de 2000, <https://ronrolheiser.com/risking-gods-mercy>.
[3] Søren Kierkegaard, *Purity of Heart Is to Will One Thing* (Nova York: Harper, 1948).

3. Justiça inesperada
[1] Ronald Rolheiser, *Forgotten Among the Lilies: Learning to Live Beyond Our Fears* (Nova York: Image, 2007), p. 13.
[2] Eugene H. Peterson, *The Pastor: A Memoir* (Nova York: HarperOne, 2012), p. 157. [No Brasil, *Memórias de um pastor*. São Paulo: Mundo Cristão, 2011.]

4. Nosso testemunho
[1] *Histórias cruzadas*, dirigido por Tate Taylor (Beverly Hills: Walt Disney Studios Motion Pictures, 2011).

[2] Mark Kurlansky, *Salt: A World History* (Nova York: Penguin, 2003), p. 63. [No Brasil, *Sal: Uma história do mundo*. São Paulo: Senac, 2004.]
[3] Rich Villodas, *The Deeply Formed Life: Five Transformative Values to Root Us in the Way of Jesus* (Colorado Springs: WaterBrook, 2020), p. 185. [No Brasil, *A vida profundamente formada: Cinco valores transformadores capazes de nos enraizar no caminho de Jesus*. São José dos Campos: Inspire, 2023.]
[4] Parker Palmer, *Let Your Life Speak: Listening for the Voice of Vocation* (San Francisco: Jossey-Bass, 2000), p. 78.

5. Nossa ira

[1] Barbara Holmes, citada em "Contemplating Anger", Center for Action and Contemplation, 9 de junho de 2020, <https://cac.org/daily-meditations/contemplating-anger-2020-06-09>.
[2] Dale Bruner, *Matthew: A Commentary, Volume 1* (Grand Rapids: Eerdmans, 2007), p. 208.
[3] Dallas Willard, *Divine Conspiracy: Rediscovering Our Hidden Life in God* (Nova York: HarperSanFrancisco, 1998), p. 150. [No Brasil, *A conspiração divina: Redescobrindo nossa vida oculta em Deus*. São Paulo: Thomas Nelson Brasil, 2021.]
[4] Bruner (citando provérbio inglês), *Matthew*, p. 209.
[5] Bill Hathaway, "'Likes' and 'Shares' Teach People to Express More Outrage Online", YaleNews, 13 de agosto de 2021, <https://news.yale.edu/2021/08/13/likes-and-shares-teach-people-express-more-outrage-online>.

6. Nossas palavras

[1] Stanley Hauerwas, "How Do I Get Through the Day Without Telling a Lie?", The Examined Life, 17 de janeiro 2017, <https://examined-life.com/interviews/stanley-hauerwas>.
[2] Ron Rolheiser, "Playing Loose with the Truth", Oblate School of Theology, 1º de dezembro de 2017, <https://ost.edu/playing-loose-truth>.
[3] Dietrich Bonhoeffer, *The Collected Sermons of Dietrich Bonhoeffer*, ed. Isabel Best (Minneapolis: Fortress, 2012), p. 144.

7. Nossos desejos

[1] Miriam James (@onegroovynun), X (ex-Twitter), 19 de maio de 2018, 05:36, <https://twitter.com/onegroovynun/status/997803197459845120>.

[2] Alexis Keinman, "Porn Sites Get More Visitors Each Month Than Netflix, Amazon and Twitter Combined", HuffPost, 6 de dezembro 2017, <www.huffpost.com/entry/internet-porn-stats_n_3187682>.

[3] "Internet Pornography by the Numbers; A Significant Threat to Society", Webroot, <www.webroot.com/us/en/resources/tips-articles/internet-pornography-by-the-numbers>.

[4] "Internet Pornography."

[5] Kleinman, "Porn Sites".

[6] "Porn in the Digital Age: New Research Reveals 10 Trends", Barna, 6 de abril de 2016, <www.barna.com/research/porn-in-the-digital-age-new-research-reveals-10-trends>.

[7] Sarah Young, "Digisexuals: Number of People Who Prefer Sex with Robots to Surge, Find Experts", *Independent*, 30 de novembro de 2017, <www.independent.co.uk/life-style/digisexuals-robot-sex-preferences-university-manitoba-canada-identity-a8084096.html>.

[8] Neil McArthur, citado em Young, "Digisexuals".

8. Nosso dinheiro

[1] *HELPS Word-Studies*, s.v., "mammōnás", Bible Hub, <https://biblehub.com/greek/3126.htm>.

[2] Herbert McCabe God, *Christ and Us*, ed. Brian Davies (Nova York: Continuum, 2005), p. 133.

[3] John Wesley, *Thirteen Discourses on the Sermon on the Mount* (Franklin, TN: Seedbed, 2014), p. 190.

[4] Leo Tolstoy, *How Much Land Does a Man Need? and Other Stories* (Nova York: Penguin Classics, 1994), p. 96.

[5] Cate Song (nossa pastora de louvor) e eu coescrevemos essa oração; "Giving Liturgy", New Life Fellowship Elmhurst, <https://elmhurst.newlife.nyc/give>.

[6] Dale Bruner, *Matthew: A Commentary, Volume 1* (Grand Rapids: Eerdmans, 2007), p. 321.

[7] Richard Foster, *Celebration of Discipline: The Path to Spiritual Growth* (Nova York: HarperCollins, 1998), p. 90. [No Brasil, *Celebração da disciplina*. São Paulo: Vida, 2007.]

[8] Walter Brueggemann, *Sabbath as Resistance: Saying No to the Culture of Now* (Louisville, KY: Westminster John Knox, 2017), p. 11-12.

[9] Richard Foster, *The Challenge of the Disciplined Life: Christian Reflections on Money, Sex, and Power* (Nova York: HarperOne, 1989), p. 19.

9. Nossa ansiedade

[1] Eric Sevareid, *This Is Eric Sevareid* (Berkeley: University of California, 1964), p. 71-72.

[2] Sophie Bethune, "Stress in America 2022: Concerned for the Future, Beset by Inflation", American Psychological Association, 22 de outubro de 2022, <www.apa.org/news/press/releases/stress/2022/concerned-future-inflation>.

[3] Richard Foster, *Freedom of Simplicity: Finding Harmony in a Complex World* (Nova York: HarperOne, 2005), p. 13. [No Brasil, *A liberdade da simplicidade*. São Paulo: Vida, 2008.]

[4] Brennan Manning, *The Relentless Tenderness of Jesus* (Grand Rapids: Revell, 2005), p. 17-18.

[5] *Henri Nouwen: Writings Selected with an Introduction by Robert Jonas*, ed. Robert Ellsberg (Maryknoll, Nova York: Orbis, 1998), p. 55.

10. Nossos julgamentos

[1] Gregory Boyd, *Repenting of Religion: Turning from Judgment to the Love of God* (Grand Rapids: Baker, 2004), p. 13-14.

[2] "What Millennials Want When They Visit Church", Barna, 4 de março de 2015, <www.barna.com/research/what-millennials-want-when-they-visit-church>.

[3] Jim Wallis, "Bernie Sanders Got Christian Theology Wrong. But He's Right About Islamophobia", *The Washington Post*, 12 de junho de 2017, <www.washingtonpost.com/posteverything/wp/2017/06/12/bernie-sanders-got-christian-theology-wrong-but-hes-right-about-islamophobia>.

[4] Howard Thurman, *Meditations of the Heart* (Boston: Beacon, 1999), p. 40.

[5] Abba Joseph, citado em Rowan Williams, *Where God Happens: Discovering Christ in One Another* (Boston: New Seeds, 2007), p. 17.
[6] Peter e Geri Scazzero, *Emotionally Healthy Relationships Workbook: Discipleship That Deeply Changes Your Relationship with Others* (Grand Rapids: Zondervan, 2017), p. 28.

11. Nossas decisões

[1] Martin Luther, Jr., "I've Been to the Mountaintop" (discurso, Bishop Charles Mason Temple, Memphis, Tennessee, 3 de abril de 1968); veja também "Here Is the Speech Martin Luther King Jr. Gave the Night Before He Died", CNN, 4 de abril de 2018, <www.cnn.com/2018/04/04/us/martin-luther-king-jr-mountaintop-speech-trnd/index.html>.
[2] C. S. Lewis, *Reflections on the Psalms* (Grand Rapids: HarperOne, 2017), p. 36, ênfase adicionada. [No Brasil, *Reflexões sobre Salmos*. Rio de Janeiro: Thomas Nelson Brasil, 2023.]
[3] Adam Neder, *Theology as a Way of Life: On Teaching and Learning the Christian Faith* (Grand Rapids: Baker Academic, 2019), p. 76.
[4] Justin Whitmel Earley, "A Bedtime Blessing of Gospel Love", *Habits of the Household: Practicing the Story of God in Everyday Family Rhythms* (Grand Rapids: Zondervan, 2021), p. 205.

12. Nossos inimigos

[1] Tom Weston, citado em Anne Lamott, *Bird by Bird: Some Instructions on Writing and Life* (Nova York: Anchor, 1995), p. 21.
[2] O monge beneditino William Meninger uma vez visitou nossa igreja e compartilhou essa oração em um folheto.
[3] Dietrich Bonhoeffer, *The Collected Sermons of Dietrich Bonhoeffer*, ed. Isabel Best (Minneapolis: Fortress, 2012), p. 144.
[4] James Baldwin, *Nobody Knows My Name: More Notes of a Native Son* (Nova York: Vintage, 1993), p. 71.

Agradecimentos

Este é o meu terceiro livro. Pensei que escrever ficaria mais fácil. Eu estava enganado. Por isso, sinto-me em dívida com várias pessoas que ajudaram a dar forma a este livro.

Agradeço ao meu agente, Alex Field. Seu constante encorajamento foi um presente para mim.

Sou extremamente grato pela equipe da WaterBrook. Obrigado por essa parceria. Vocês fizeram ao longo dos anos com que ser parte da equipe fosse algo muito agradável.

Este livro não seria o que é sem a competência e o tato de meu editor, Will Anderson. Quando submeti meu primeiro rascunho completo, o livro precisava de muito trabalho. Obrigado por me lembrar de "levá-lo para o público" e por suas perguntas incisivas e incentivo. Sou grato ao Senhor por nos conectar para este projeto.

Agradeço imensamente aos meus amigos, Aaron Stern, Glenn Packiam e Shawn Kennedy. Passar um tempo todos os meses com vocês aguçou meus pensamentos e minha escrita. É uma alegria ter a amizade de vocês.

Agradeço ao meu amigo porto-riquenho/australiano, Arnaldo Santiago. Você foi quem mais leu meus primeiros rascunhos. Seus comentários são sempre um presente.

Sou profundamente grato aos meus filhos, Karis e Nathan. Conversamos muitas vezes à mesa de jantar sobre meu livro. Obrigado por me fazerem sentir que estavam interessados no que tenho a dizer.

Aos presbíteros da New Life Fellowship, obrigado. Sinto-me muito honrado e encorajado pelo espaço que vocês me dão para escrever e servir à igreja ao redor do mundo.

Sou eternamente grato aos meus irmãos e irmãs da New Life Fellowship. Enquanto escrevo estas palavras, sou seu pastor há mais de uma década e estou na comunidade há mais de dezesseis anos. Não há grupo de pessoas como vocês. Obrigado por seu amor, orações e afirmação. E obrigado por seguirem o caminho estreito de Jesus.

E, por fim, à minha querida esposa, Rosie. Minha jornada de escrita jamais teria começado se você não tivesse me incentivado a dar esse passo de fé. Obrigado por seu *feedback* honesto, firme encorajamento e terno amor.

Sobre o autor

Rich Villodas é autor e palestrante. Desde 2013, é o pastor titular da New Life Fellowship, uma grande igreja multirracial com representantes de mais de 75 países, localizada em Elmhurst, Queens, e em Long Island, Nova York. Formou-se como bacharel em ministério pastoral e teologia pela Nyack College. Posteriormente, concluiu seu mestrado em divindade no Alliance Theological Seminary. É casado desde 2006 com Rosie, com quem tem dois filhos, Karis e Nathan.

Compartilhe suas impressões de leitura,
mencionando o título da obra, pelo e-mail
opiniao-do-leitor@mundocristao.com.br
ou por nossas redes sociais

Esta obra foi composta com tipografia Palatino
e impressa em papel Pólen Natural 70 g/m² na gráfica Assahi